工伤保险条例

相关法律法规文件汇编

中国劳动社会保障出版社

图书在版编目(CIP)数据

工伤保险条例相关法律法规文件汇编/中国劳动社会保障出版社编. —北京：中国劳动社会保障出版社，2013

ISBN 978-7-5167-0627-5

Ⅰ.①工…　Ⅱ.①中…　Ⅲ.①工伤保险-条例-汇编-中国　Ⅳ.①D922.559

中国版本图书馆 CIP 数据核字(2013)第 196925 号

中国劳动社会保障出版社出版发行

(北京市惠新东街 1 号　邮政编码：100029)

出 版 人：张梦欣

*

中国铁道出版社印刷厂印刷装订　新华书店经销

850 毫米×1168 毫米　32 开本　5.5 印张　135 千字

2013 年 8 月第 1 版　　2013 年 8 月第 1 次印刷

定价：12.00 元

读者服务部电话：(010) 64929211/64921644/84643933

发行部电话：(010) 64961894

出版社网址：http://www.class.com.cn

目　录

中华人民共和国社会保险法

（2010年10月28日第十一届全国人民代表大会常务委员会第十七次会议通过　2010年10月28日中华人民共和国主席令第35号公布）

目　录

第一章　总　则

第一条　为了规范社会保险关系，维护公民参加社会保险和享受社会保险待遇的合法权益，使公民共享发展成果，促进社会和谐稳定，根据宪法，制定本法。

第二条 国家建立基本养老保险、基本医疗保险、工伤保险、失业保险、生育保险等社会保险制度，保障公民在年老、疾病、工伤、失业、生育等情况下依法从国家和社会获得物质帮助的权利。

第三条 社会保险制度坚持广覆盖、保基本、多层次、可持续的方针，社会保险水平应当与经济社会发展水平相适应。

第四条 中华人民共和国境内的用人单位和个人依法缴纳社会保险费，有权查询缴费记录、个人权益记录，要求社会保险经办机构提供社会保险咨询等相关服务。

个人依法享受社会保险待遇，有权监督本单位为其缴费情况。

第五条 县级以上人民政府将社会保险事业纳入国民经济和社会发展规划。

国家多渠道筹集社会保险资金。县级以上人民政府对社会保险事业给予必要的经费支持。

国家通过税收优惠政策支持社会保险事业。

第六条 国家对社会保险基金实行严格监管。

国务院和省、自治区、直辖市人民政府建立健全社会保险基金监督管理制度，保障社会保险基金安全、有效运行。

县级以上人民政府采取措施，鼓励和支持社会各方面参与社会保险基金的监督。

第七条 国务院社会保险行政部门负责全国的社会保险管理工作，国务院其他有关部门在各自的职责范围内负责有关的社会保险工作。

县级以上地方人民政府社会保险行政部门负责本行政区域的社会保险管理工作，县级以上地方人民政府其他有关部门在各自的职责范围内负责有关的社会保险工作。

第八条 社会保险经办机构提供社会保险服务，负责社会保险登记、个人权益记录、社会保险待遇支付等工作。

第九条 工会依法维护职工的合法权益，有权参与社会保险重大事项的研究，参加社会保险监督委员会，对与职工社会保险权益有关的事项进行监督。

第二章 基本养老保险

第十条 职工应当参加基本养老保险，由用人单位和职工共同缴纳基本养老保险费。

无雇工的个体工商户、未在用人单位参加基本养老保险的非全日制从业人员以及其他灵活就业人员可以参加基本养老保险，由个人缴纳基本养老保险费。

公务员和参照公务员法管理的工作人员养老保险的办法由国务院规定。

第十一条 基本养老保险实行社会统筹与个人账户相结合。

基本养老保险基金由用人单位和个人缴费以及政府补贴等组成。

第十二条 用人单位应当按照国家规定的本单位职工工资总额的比例缴纳基本养老保险费，记入基本养老保险统筹基金。

职工应当按照国家规定的本人工资的比例缴纳基本养老保险费，记入个人账户。

无雇工的个体工商户、未在用人单位参加基本养老保险的非全日制从业人员以及其他灵活就业人员参加基本养老保险的，应当按照国家规定缴纳基本养老保险费，分别记入基本养老保险统筹基金和个人账户。

第十三条 国有企业、事业单位职工参加基本养老保险前，视同缴费年限期间应当缴纳的基本养老保险费由政府承担。

基本养老保险基金出现支付不足时，政府给予补贴。

第十四条 个人账户不得提前支取，记账利率不得低于银行定期存款利率，免征利息税。个人死亡的，个人账户余额可以继承。

第十五条 基本养老金由统筹养老金和个人账户养老金组成。

基本养老金根据个人累计缴费年限、缴费工资、当地职工平均工资、个人账户金额、城镇人口平均预期寿命等因素确定。

第十六条 参加基本养老保险的个人，达到法定退休年龄时累计缴费满十五年的，按月领取基本养老金。

参加基本养老保险的个人，达到法定退休年龄时累计缴费不足十五年的，可以缴费至满十五年，按月领取基本养老金；也可以转入新型农村社会养老保险或者城镇居民社会养老保险，按照国务院规定享受相应的养老保险待遇。

第十七条 参加基本养老保险的个人，因病或者非因工死亡的，其遗属可以领取丧葬补助金和抚恤金；在未达到法定退休年龄时因病或者非因工致残完全丧失劳动能力的，可以领取病残津贴。所需资金从基本养老保险基金中支付。

第十八条 国家建立基本养老金正常调整机制。根据职工平均工资增长、物价上涨情况，适时提高基本养老保险待遇水平。

第十九条 个人跨统筹地区就业的，其基本养老保险关系随本人转移，缴费年限累计计算。个人达到法定退休年龄时，基本养老金分段计算、统一支付。具体办法由国务院规定。

第二十条 国家建立和完善新型农村社会养老保险制度。

新型农村社会养老保险实行个人缴费、集体补助和政府补贴相结合。

第二十一条 新型农村社会养老保险待遇由基础养老金和个人账户养老金组成。

参加新型农村社会养老保险的农村居民，符合国家规定条件的，按月领取新型农村社会养老保险待遇。

第二十二条 国家建立和完善城镇居民社会养老保险制度。

省、自治区、直辖市人民政府根据实际情况，可以将城镇居民社会养老保险和新型农村社会养老保险合并实施。

第三章　基本医疗保险

第二十三条　职工应当参加职工基本医疗保险，由用人单位和职工按照国家规定共同缴纳基本医疗保险费。

无雇工的个体工商户、未在用人单位参加职工基本医疗保险的非全日制从业人员以及其他灵活就业人员可以参加职工基本医疗保险，由个人按照国家规定缴纳基本医疗保险费。

第二十四条　国家建立和完善新型农村合作医疗制度。

新型农村合作医疗的管理办法，由国务院规定。

第二十五条　国家建立和完善城镇居民基本医疗保险制度。

城镇居民基本医疗保险实行个人缴费和政府补贴相结合。

享受最低生活保障的人、丧失劳动能力的残疾人、低收入家庭六十周岁以上的老年人和未成年人等所需个人缴费部分，由政府给予补贴。

第二十六条　职工基本医疗保险、新型农村合作医疗和城镇居民基本医疗保险的待遇标准按照国家规定执行。

第二十七条　参加职工基本医疗保险的个人，达到法定退休年龄时累计缴费达到国家规定年限的，退休后不再缴纳基本医疗保险费，按照国家规定享受基本医疗保险待遇；未达到国家规定年限的，可以缴费至国家规定年限。

第二十八条　符合基本医疗保险药品目录、诊疗项目、医疗服务设施标准以及急诊、抢救的医疗费用，按照国家规定从基本医疗保险基金中支付。

第二十九条　参保人员医疗费用中应当由基本医疗保险基金支付的部分，由社会保险经办机构与医疗机构、药品经营单位直接结算。

社会保险行政部门和卫生行政部门应当建立异地就医医疗费用结算制度，方便参保人员享受基本医疗保险待遇。

第三十条 下列医疗费用不纳入基本医疗保险基金支付范围：

（一）应当从工伤保险基金中支付的；

（二）应当由第三人负担的；

（三）应当由公共卫生负担的；

（四）在境外就医的。

医疗费用依法应当由第三人负担，第三人不支付或者无法确定第三人的，由基本医疗保险基金先行支付。基本医疗保险基金先行支付后，有权向第三人追偿。

第三十一条 社会保险经办机构根据管理服务的需要，可以与医疗机构、药品经营单位签订服务协议，规范医疗服务行为。

医疗机构应当为参保人员提供合理、必要的医疗服务。

第三十二条 个人跨统筹地区就业的，其基本医疗保险关系随本人转移，缴费年限累计计算。

第四章 工伤保险

第三十三条 职工应当参加工伤保险，由用人单位缴纳工伤保险费，职工不缴纳工伤保险费。

第三十四条 国家根据不同行业的工伤风险程度确定行业的差别费率，并根据使用工伤保险基金、工伤发生率等情况在每个行业内确定费率档次。行业差别费率和行业内费率档次由国务院社会保险行政部门制定，报国务院批准后公布施行。

社会保险经办机构根据用人单位使用工伤保险基金、工伤发生率和所属行业费率档次等情况，确定用人单位缴费费率。

第三十五条 用人单位应当按照本单位职工工资总额，根据社会保险经办机构确定的费率缴纳工伤保险费。

第三十六条 职工因工作原因受到事故伤害或者患职业病，且经工伤认定的，享受工伤保险待遇；其中，经劳动能力鉴定丧失劳动能力的，享受伤残待遇。

工伤认定和劳动能力鉴定应当简捷、方便。

第三十七条 职工因下列情形之一导致本人在工作中伤亡的，不认定为工伤：

（一）故意犯罪；

（二）醉酒或者吸毒；

（三）自残或者自杀；

（四）法律、行政法规规定的其他情形。

第三十八条 因工伤发生的下列费用，按照国家规定从工伤保险基金中支付：

（一）治疗工伤的医疗费用和康复费用；

（二）住院伙食补助费；

（三）到统筹地区以外就医的交通食宿费；

（四）安装配置伤残辅助器具所需费用；

（五）生活不能自理的，经劳动能力鉴定委员会确认的生活护理费；

（六）一次性伤残补助金和一至四级伤残职工按月领取的伤残津贴；

（七）终止或者解除劳动合同时，应当享受的一次性医疗补助金；

（八）因工死亡的，其遗属领取的丧葬补助金、供养亲属抚恤金和因工死亡补助金；

（九）劳动能力鉴定费。

第三十九条 因工伤发生的下列费用，按照国家规定由用人单位支付：

（一）治疗工伤期间的工资福利；

（二）五级、六级伤残职工按月领取的伤残津贴；

（三）终止或者解除劳动合同时，应当享受的一次性伤残就业补助金。

第四十条 工伤职工符合领取基本养老金条件的，停发伤残津贴，享受基本养老保险待遇。基本养老保险待遇低于伤残津贴的，从工伤保险基金中补足差额。

第四十一条 职工所在用人单位未依法缴纳工伤保险费，发生工伤事故的，由用人单位支付工伤保险待遇。用人单位不支付的，从工伤保险基金中先行支付。

从工伤保险基金中先行支付的工伤保险待遇应当由用人单位偿还。用人单位不偿还的，社会保险经办机构可以依照本法第六十三条的规定追偿。

第四十二条 由于第三人的原因造成工伤，第三人不支付工伤医疗费用或者无法确定第三人的，由工伤保险基金先行支付。工伤保险基金先行支付后，有权向第三人追偿。

第四十三条 工伤职工有下列情形之一的，停止享受工伤保险待遇：

（一）丧失享受待遇条件的；

（二）拒不接受劳动能力鉴定的；

（三）拒绝治疗的。

第五章　失 业 保 险

第四十四条 职工应当参加失业保险，由用人单位和职工按照国家规定共同缴纳失业保险费。

第四十五条 失业人员符合下列条件的，从失业保险基金中领取失业保险金：

（一）失业前用人单位和本人已经缴纳失业保险费满一年的；

（二）非因本人意愿中断就业的；

（三）已经进行失业登记，并有求职要求的。

第四十六条 失业人员失业前用人单位和本人累计缴费满一年不足五年的，领取失业保险金的期限最长为十二个月；累计缴费满五年不足十年的，领取失业保险金的期限最长为十八个月；累计缴费十年以上的，领取失业保险金的期限最长为二十四个月。重新就业后，再次失业的，缴费时间重新计算，领取失业保险金的期限与前次失业应当领取而尚未领取的失业保险金的期限合并计算，最长不超过二十四个月。

第四十七条 失业保险金的标准，由省、自治区、直辖市人民政府确定，不得低于城市居民最低生活保障标准。

第四十八条 失业人员在领取失业保险金期间，参加职工基本医疗保险，享受基本医疗保险待遇。

失业人员应当缴纳的基本医疗保险费从失业保险基金中支付，个人不缴纳基本医疗保险费。

第四十九条 失业人员在领取失业保险金期间死亡的，参照当地对在职职工死亡的规定，向其遗属发给一次性丧葬补助金和抚恤金。所需资金从失业保险基金中支付。

个人死亡同时符合领取基本养老保险丧葬补助金、工伤保险丧葬补助金和失业保险丧葬补助金条件的，其遗属只能选择领取其中的一项。

第五十条 用人单位应当及时为失业人员出具终止或者解除劳动关系的证明，并将失业人员的名单自终止或者解除劳动关系之日起十五日内告知社会保险经办机构。

失业人员应当持本单位为其出具的终止或者解除劳动关系的证明，及时到指定的公共就业服务机构办理失业登记。

失业人员凭失业登记证明和个人身份证明，到社会保险经办机构办理领取失业保险金的手续。失业保险金领取期限自办理失业登记之日起计算。

第五十一条 失业人员在领取失业保险金期间有下列情形之一的，停止领取失业保险金，并同时停止享受其他失业保险待遇：

（一）重新就业的；

（二）应征服兵役的；

（三）移居境外的；

（四）享受基本养老保险待遇的；

（五）无正当理由，拒不接受当地人民政府指定部门或者机构介绍的适当工作或者提供的培训的。

第五十二条 职工跨统筹地区就业的，其失业保险关系随本人转移，缴费年限累计计算。

第六章 生育保险

第五十三条 职工应当参加生育保险，由用人单位按照国家规定缴纳生育保险费，职工不缴纳生育保险费。

第五十四条 用人单位已经缴纳生育保险费的，其职工享受生育保险待遇；职工未就业配偶按照国家规定享受生育医疗费用待遇。所需资金从生育保险基金中支付。

生育保险待遇包括生育医疗费用和生育津贴。

第五十五条 生育医疗费用包括下列各项：

（一）生育的医疗费用；

（二）计划生育的医疗费用；

（三）法律、法规规定的其他项目费用。

第五十六条 职工有下列情形之一的，可以按照国家规定享受生育津贴：

（一）女职工生育享受产假；

（二）享受计划生育手术休假；

（三）法律、法规规定的其他情形。

生育津贴按照职工所在用人单位上年度职工月平均工资计发。

第七章　社会保险费征缴

第五十七条　用人单位应当自成立之日起三十日内凭营业执照、登记证书或者单位印章，向当地社会保险经办机构申请办理社会保险登记。社会保险经办机构应当自收到申请之日起十五日内予以审核，发给社会保险登记证件。

用人单位的社会保险登记事项发生变更或者用人单位依法终止的，应当自变更或者终止之日起三十日内，到社会保险经办机构办理变更或者注销社会保险登记。

工商行政管理部门、民政部门和机构编制管理机关应当及时向社会保险经办机构通报用人单位的成立、终止情况，公安机关应当及时向社会保险经办机构通报个人的出生、死亡以及户口登记、迁移、注销等情况。

第五十八条　用人单位应当自用工之日起三十日内为其职工向社会保险经办机构申请办理社会保险登记。未办理社会保险登记的，由社会保险经办机构核定其应当缴纳的社会保险费。

自愿参加社会保险的无雇工的个体工商户、未在用人单位参加社会保险的非全日制从业人员以及其他灵活就业人员，应当向社会保险经办机构申请办理社会保险登记。

国家建立全国统一的个人社会保障号码。个人社会保障号码为公民身份号码。

第五十九条　县级以上人民政府加强社会保险费的征收工作。

社会保险费实行统一征收，实施步骤和具体办法由国务院规定。

第六十条　用人单位应当自行申报、按时足额缴纳社会保险费，非因不可抗力等法定事由不得缓缴、减免。职工应当缴纳的社会保险费由用人单位代扣代缴，用人单位应当按月将缴纳社会保险费的明细情况告知本人。

无雇工的个体工商户、未在用人单位参加社会保险的非全日制从业人员以及其他灵活就业人员，可以直接向社会保险费征收机构缴纳社会保险费。

第六十一条 社会保险费征收机构应当依法按时足额征收社会保险费，并将缴费情况定期告知用人单位和个人。

第六十二条 用人单位未按规定申报应当缴纳的社会保险费数额的，按照该单位上月缴费额的百分之一百一十确定应当缴纳数额；缴费单位补办申报手续后，由社会保险费征收机构按照规定结算。

第六十三条 用人单位未按时足额缴纳社会保险费的，由社会保险费征收机构责令其限期缴纳或者补足。

用人单位逾期仍未缴纳或者补足社会保险费的，社会保险费征收机构可以向银行和其他金融机构查询其存款账户；并可以申请县级以上有关行政部门作出划拨社会保险费的决定，书面通知其开户银行或者其他金融机构划拨社会保险费。用人单位账户余额少于应当缴纳的社会保险费的，社会保险费征收机构可以要求该用人单位提供担保，签订延期缴费协议。

用人单位未足额缴纳社会保险费且未提供担保的，社会保险费征收机构可以申请人民法院扣押、查封、拍卖其价值相当于应当缴纳社会保险费的财产，以拍卖所得抵缴社会保险费。

第八章 社会保险基金

第六十四条 社会保险基金包括基本养老保险基金、基本医疗保险基金、工伤保险基金、失业保险基金和生育保险基金。各项社会保险基金按照社会保险险种分别建账，分账核算，执行国家统一的会计制度。

社会保险基金专款专用，任何组织和个人不得侵占或者挪用。

基本养老保险基金逐步实行全国统筹，其他社会保险基金逐步实行省级统筹，具体时间、步骤由国务院规定。

第六十五条 社会保险基金通过预算实现收支平衡。

县级以上人民政府在社会保险基金出现支付不足时，给予补贴。

第六十六条 社会保险基金按照统筹层次设立预算。社会保险基金预算按照社会保险项目分别编制。

第六十七条 社会保险基金预算、决算草案的编制、审核和批准，依照法律和国务院规定执行。

第六十八条 社会保险基金存入财政专户，具体管理办法由国务院规定。

第六十九条 社会保险基金在保证安全的前提下，按照国务院规定投资运营实现保值增值。

社会保险基金不得违规投资运营，不得用于平衡其他政府预算，不得用于兴建、改建办公场所和支付人员经费、运行费用、管理费用，或者违反法律、行政法规规定挪作其他用途。

第七十条 社会保险经办机构应当定期向社会公布参加社会保险情况以及社会保险基金的收入、支出、结余和收益情况。

第七十一条 国家设立全国社会保障基金，由中央财政预算拨款以及国务院批准的其他方式筹集的资金构成，用于社会保障支出的补充、调剂。全国社会保障基金由全国社会保障基金管理运营机构负责管理运营，在保证安全的前提下实现保值增值。

全国社会保障基金应当定期向社会公布收支、管理和投资运营的情况。国务院财政部门、社会保险行政部门、审计机关对全国社会保障基金的收支、管理和投资运营情况实施监督。

第九章　社会保险经办

第七十二条 统筹地区设立社会保险经办机构。社会保险经办机构根据工作需要，经所在地的社会保险行政部门和机构编制管理机关批准，可以在本统筹地区设立分支机构和服务网点。

社会保险经办机构的人员经费和经办社会保险发生的基本运行费用、管理费用，由同级财政按照国家规定予以保障。

第七十三条 社会保险经办机构应当建立健全业务、财务、安全和风险管理制度。

社会保险经办机构应当按时足额支付社会保险待遇。

第七十四条 社会保险经办机构通过业务经办、统计、调查获取社会保险工作所需的数据，有关单位和个人应当及时、如实提供。

社会保险经办机构应当及时为用人单位建立档案，完整、准确地记录参加社会保险的人员、缴费等社会保险数据，妥善保管登记、申报的原始凭证和支付结算的会计凭证。

社会保险经办机构应当及时、完整、准确地记录参加社会保险的个人缴费和用人单位为其缴费，以及享受社会保险待遇等个人权益记录，定期将个人权益记录单免费寄送本人。

用人单位和个人可以免费向社会保险经办机构查询、核对其缴费和享受社会保险待遇记录，要求社会保险经办机构提供社会保险咨询等相关服务。

第七十五条 全国社会保险信息系统按照国家统一规划，由县级以上人民政府按照分级负责的原则共同建设。

第十章 社会保险监督

第七十六条 各级人民代表大会常务委员会听取和审议本级人民政府对社会保险基金的收支、管理、投资运营以及监督检查情况的专项工作报告，组织对本法实施情况的执法检查等，依法行使监督职权。

第七十七条 县级以上人民政府社会保险行政部门应当加强

对用人单位和个人遵守社会保险法律、法规情况的监督检查。

社会保险行政部门实施监督检查时，被检查的用人单位和个人应当如实提供与社会保险有关的资料，不得拒绝检查或者谎报、瞒报。

第七十八条 财政部门、审计机关按照各自职责，对社会保险基金的收支、管理和投资运营情况实施监督。

第七十九条 社会保险行政部门对社会保险基金的收支、管理和投资运营情况进行监督检查，发现存在问题的，应当提出整改建议，依法作出处理决定或者向有关行政部门提出处理建议。社会保险基金检查结果应当定期向社会公布。

社会保险行政部门对社会保险基金实施监督检查，有权采取下列措施：

（一）查阅、记录、复制与社会保险基金收支、管理和投资运营相关的资料，对可能被转移、隐匿或者灭失的资料予以封存；

（二）询问与调查事项有关的单位和个人，要求其对与调查事项有关的问题作出说明、提供有关证明材料；

（三）对隐匿、转移、侵占、挪用社会保险基金的行为予以制止并责令改正。

第八十条 统筹地区人民政府成立由用人单位代表、参保人员代表，以及工会代表、专家等组成的社会保险监督委员会，掌握、分析社会保险基金的收支、管理和投资运营情况，对社会保险工作提出咨询意见和建议，实施社会监督。

社会保险经办机构应当定期向社会保险监督委员会汇报社会保险基金的收支、管理和投资运营情况。社会保险监督委员会可以聘请会计师事务所对社会保险基金的收支、管理和投资运营情况进行年度审计和专项审计。审计结果应当向社会公开。

社会保险监督委员会发现社会保险基金收支、管理和投资运营中存在问题的，有权提出改正建议；对社会保险经办机构及其工作人员的违法行为，有权向有关部门提出依法处理建议。

第八十一条 社会保险行政部门和其他有关行政部门、社会保险经办机构、社会保险费征收机构及其工作人员，应当依法为用人单位和个人的信息保密，不得以任何形式泄露。

第八十二条 任何组织或者个人有权对违反社会保险法律、法规的行为进行举报、投诉。

社会保险行政部门、卫生行政部门、社会保险经办机构、社会保险费征收机构和财政部门、审计机关对属于本部门、本机构职责范围的举报、投诉，应当依法处理；对不属于本部门、本机构职责范围的，应当书面通知并移交有权处理的部门、机构处理。有权处理的部门、机构应当及时处理，不得推诿。

第八十三条 用人单位或者个人认为社会保险费征收机构的行为侵害自己合法权益的，可以依法申请行政复议或者提起行政诉讼。

用人单位或者个人对社会保险经办机构不依法办理社会保险登记、核定社会保险费、支付社会保险待遇、办理社会保险转移接续手续或者侵害其他社会保险权益的行为，可以依法申请行政复议或者提起行政诉讼。

个人与所在用人单位发生社会保险争议的，可以依法申请调解、仲裁，提起诉讼。用人单位侵害个人社会保险权益的，个人也可以要求社会保险行政部门或者社会保险费征收机构依法处理。

第十一章 法律责任

第八十四条 用人单位不办理社会保险登记的，由社会保险行政部门责令限期改正；逾期不改正的，对用人单位处应缴社会保险费数额一倍以上三倍以下的罚款，对其直接负责的主管人员和其他直接责任人员处五百元以上三千元以下的罚款。

第八十五条 用人单位拒不出具终止或者解除劳动关系证明的，依照《中华人民共和国劳动合同法》的规定处理。

第八十六条 用人单位未按时足额缴纳社会保险费的，由社会保险费征收机构责令限期缴纳或者补足，并自欠缴之日起，按日加收万分之五的滞纳金；逾期仍不缴纳的，由有关行政部门处欠缴数额一倍以上三倍以下的罚款。

第八十七条 社会保险经办机构以及医疗机构、药品经营单位等社会保险服务机构以欺诈、伪造证明材料或者其他手段骗取社会保险基金支出的，由社会保险行政部门责令退回骗取的社会保险金，处骗取金额二倍以上五倍以下的罚款；属于社会保险服务机构的，解除服务协议；直接负责的主管人员和其他直接责任人员有执业资格的，依法吊销其执业资格。

第八十八条 以欺诈、伪造证明材料或者其他手段骗取社会保险待遇的，由社会保险行政部门责令退回骗取的社会保险金，处骗取金额二倍以上五倍以下的罚款。

第八十九条 社会保险经办机构及其工作人员有下列行为之一的，由社会保险行政部门责令改正；给社会保险基金、用人单位或者个人造成损失的，依法承担赔偿责任；对直接负责的主管人员和其他直接责任人员依法给予处分：

（一）未履行社会保险法定职责的；

（二）未将社会保险基金存入财政专户的；

（三）克扣或者拒不按时支付社会保险待遇的；

（四）丢失或者篡改缴费记录、享受社会保险待遇记录等社会保险数据、个人权益记录的；

（五）有违反社会保险法律、法规的其他行为的。

第九十条 社会保险费征收机构擅自更改社会保险费缴费基数、费率，导致少收或者多收社会保险费的，由有关行政部门责令其追缴应当缴纳的社会保险费或者退还不应当缴纳的社会保险费；对直接负责的主管人员和其他直接责任人员依法给予处分。

第九十一条　违反本法规定，隐匿、转移、侵占、挪用社会保险基金或者违规投资运营的，由社会保险行政部门、财政部门、审计机关责令追回；有违法所得的，没收违法所得；对直接负责的主管人员和其他直接责任人员依法给予处分。

第九十二条　社会保险行政部门和其他有关行政部门、社会保险经办机构、社会保险费征收机构及其工作人员泄露用人单位和个人信息的，对直接负责的主管人员和其他直接责任人员依法给予处分；给用人单位或者个人造成损失的，应当承担赔偿责任。

第九十三条　国家工作人员在社会保险管理、监督工作中滥用职权、玩忽职守、徇私舞弊的，依法给予处分。

第九十四条　违反本法规定，构成犯罪的，依法追究刑事责任。

第十二章　附　　则

第九十五条　进城务工的农村居民依照本法规定参加社会保险。

第九十六条　征收农村集体所有的土地，应当足额安排被征地农民的社会保险费，按照国务院规定将被征地农民纳入相应的社会保险制度。

第九十七条　外国人在中国境内就业的，参照本法规定参加社会保险。

第九十八条　本法自 2011 年 7 月 1 日起施行。

社会保险费征缴暂行条例

（1999年1月22日国务院令第259号公布）

第一章　总　　则

第一条　为了加强和规范社会保险费征缴工作，保障社会保险金的发放，制定本条例。

第二条　基本养老保险费、基本医疗保险费、失业保险费（以下统称社会保险费）的征收、缴纳，适用本条例。

本条例所称缴费单位、缴费个人，是指依照有关法律、行政法规和国务院的规定，应当缴纳社会保险费的单位和个人。

第三条　基本养老保险费的征缴范围：国有企业、城镇集体企业、外商投资企业、城镇私营企业和其他城镇企业及其职工，实行企业化管理的事业单位及其职工。

基本医疗保险费的征缴范围：国有企业、城镇集体企业、外商投资企业、城镇私营企业和其他城镇企业及其职工，国家机关及其工作人员，事业单位及其职工，民办非企业单位及其职工，社会团体及其专职人员。

失业保险费的征缴范围：国有企业、城镇集体企业、外商投资企业、城镇私营企业和其他城镇企业及其职工，事业单位及其职工。

省、自治区、直辖市人民政府根据当地实际情况，可以规定将城镇个体工商户纳入基本养老保险、基本医疗保险的范围，并可以规定将社会团体及其专职人员、民办非企业单位及其职工以及有雇工的城镇个体工商户及其雇工纳入失业保险的范围。

社会保险费的费基、费率依照有关法律、行政法规和国务院的规定执行。

第四条 缴费单位、缴费个人应当按时足额缴纳社会保险费。

征缴的社会保险费纳入社会保险基金，专款专用，任何单位和个人不得挪用。

第五条 国务院劳动保障行政部门负责全国的社会保险费征缴管理和监督检查工作。县级以上地方各级人民政府劳动保障行政部门负责本行政区域内的社会保险费征缴管理和监督检查工作。

第六条 社会保险费实行三项社会保险费集中、统一征收。社会保险费的征收机构由省、自治区、直辖市人民政府规定，可以由税务机关征收，也可以由劳动保障行政部门按照国务院规定设立的社会保险经办机构（以下简称社会保险经办机构）征收。

第二章 征缴管理

第七条 缴费单位必须向当地社会保险经办机构办理社会保险登记，参加社会保险。

登记事项包括：单位名称、住所、经营地点、单位类型、法定代表人或者负责人、开户银行账号以及国务院劳动保障行政部门规定的其他事项。

第八条 本条例施行前已经参加社会保险的缴费单位，应当自本条例施行之日起6个月内到当地社会保险经办机构补办社会保险登记，由社会保险经办机构发给社会保险登记证件。

本条例施行前尚未参加社会保险的缴费单位应当自本条例施行之日起30日内，本条例施行后成立的缴费单位应当自成立之日起30日内，持营业执照或者登记证书等有关证件，到当地社会保险经办机构申请办理社会保险登记。社会保险经办机构审核后，发给社会保险登记证件。

社会保险登记证件不得伪造、变造。

社会保险登记证件的样式由国务院劳动保障行政部门制定。

第九条 缴费单位的社会保险登记事项发生变更或者缴费单位依法终止的，应当自变更或者终止之日起 30 日内，到社会保险经办机构办理变更或者注销社会保险登记手续。

第十条 缴费单位必须按月向社会保险经办机构申报应缴纳的社会保险费数额，经社会保险经办机构核定后，在规定的期限内缴纳社会保险费。

缴费单位不按规定申报应缴纳的社会保险费数额的，由社会保险经办机构暂按该单位上月缴费数额的 110％确定应缴数额；没有上月缴费数额的，由社会保险经办机构暂按该单位的经营状况、职工人数等有关情况确定应缴数额。缴费单位补办申报手续并按核定数缴纳社会保险费后，由社会保险经办机构按照规定结算。

第十一条 省、自治区、直辖市人民政府规定由税务机关征收社会保险费的，社会保险经办机构应当及时向税务机关提供缴费单位社会保险登记、变更登记、注销登记以及缴费申报的情况。

第十二条 缴费单位和缴费个人应当以货币形式全额缴纳社会保险费。

缴费个人应当缴纳的社会保险费，由所在单位从其本人工资中代扣代缴。

社会保险费不得减免。

第十三条 缴费单位未按规定缴纳和代扣代缴社会保险费的，由劳动保障行政部门或者税务机关责令限期缴纳；逾期仍不缴纳的，除补缴欠缴数额外，从欠缴之日起，按日加收 2‰的滞纳金。滞纳金并入社会保险基金。

第十四条 征收的社会保险费存入财政部门在国有商业银行开设的社会保障基金财政专户。

社会保险基金按照不同险种的统筹范围，分别建立基本养老保险基金、基本医疗保险基金、失业保险基金。各项社会保险基金分别单独核算。

社会保险基金不计征税、费。

第十五条 省、自治区、直辖市人民政府规定由税务机关征收社会保险费的，税务机关应当及时向社会保险经办机构提供缴费单位和缴费个人的缴费情况；社会保险经办机构应当将有关情况汇总，报劳动保障行政部门。

第十六条 社会保险经办机构应当建立缴费记录，其中基本养老保险、基本医疗保险并应当按照规定记录个人账户。社会保险经办机构负责保存缴费记录，并保证其完整、安全。社会保险经办机构应当至少每年向缴费个人发送一次基本养老保险、基本医疗保险个人账户通知单。

缴费单位、缴费个人有权按照规定查询缴费记录。

第三章 监督检查

第十七条 缴费单位应当每年向本单位职工公布本单位全年社会保险费缴纳情况，接受职工监督。

社会保险经办机构应当定期向社会公告社会保险费征收情况，接受社会监督。

第十八条 按照省、自治区、直辖市人民政府关于社会保险费征缴机构的规定，劳动保障行政部门或者税务机关依法对单位缴费情况进行检查时，被检查的单位应当提供与缴纳社会保险费有关的用人情况、工资表、财务报表等资料，如实反映情况，不得拒绝检查，不得谎报、瞒报。劳动保障行政部门或者税务机关可以记录、录音、录像、照相和复制有关资料；但是，应当为缴费单位保密。

劳动保障行政部门、税务机关的工作人员在行使前款所列职权时，应当出示执行公务证件。

第十九条 劳动保障行政部门或者税务机关调查社会保险费征缴违法案件时，有关部门、单位应给予支持、协助。

第二十条 社会保险经办机构受劳动保障行政部门的委托，可以进行与社会保险费征缴有关的检查、调查工作。

第二十一条 任何组织和个人对有关社会保险费征缴的违法行为，有权举报。劳动保障行政部门或者税务机关对举报应当及时调查，按照规定处理，并为举报人保密。

第二十二条 社会保险基金实行收支两条线管理，由财政部门依法进行监督。

审计部门依法对社会保险基金的收支情况进行监督。

第四章 罚 则

第二十三条 缴费单位未按照规定办理社会保险登记、变更登记或者注销登记，或者未按照规定申报应缴纳的社会保险费数额的，由劳动保障行政部门责令限期改正；情节严重的，对直接负责的主管人员和其他直接责任人员可处以 1 000 元以上 5 000 元以下的罚款；情节特别严重的，对直接负责的主管人员和其他直接责任人员可处以 5 000 元以上 10 000 元以下的罚款。

第二十四条 缴费单位违反有关财务、会计、统计的法律、行政法规和国家有关规定，伪造、变造、故意毁灭有关账册、材料，或者不设账册，致使社会保险费缴费基数无法确定的，除依照有关法律、行政法规的规定给予行政处罚、纪律处分、刑事处罚外，依照本条例第十条的规定征缴；迟延缴纳的，由劳动保障行政部门或者税务机关依照第十三条的规定决定加收滞纳金，并对直接负责的主管人员和其他直接责任人员处 5 000 元以上

20 000 元以下的罚款。

第二十五条 缴费单位和缴费个人对劳动保障行政部门或者税务机关的处罚决定不服的，可以依法申请复议；对复议决定不服的，可以依法提起诉讼。

第二十六条 缴费单位逾期拒不缴纳社会保险费、滞纳金的，由劳动保障行政部门或者税务机关申请人民法院依法强制征缴。

第二十七条 劳动保障行政部门、社会保险经办机构或者税务机关的工作人员滥用职权、徇私舞弊、玩忽职守，致使社会保险费流失的，由劳动保障行政部门或者税务机关追回流失的社会保险费；构成犯罪的，依法追究刑事责任；尚不构成犯罪的，依法给予行政处分。

第二十八条 任何单位、个人挪用社会保险基金的，追回被挪用的社会保险基金；有违法所得的，没收违法所得，并入社会保险基金；构成犯罪的，依法追究刑事责任；尚不构成犯罪的，对直接负责的主管人员和其他直接责任人员依法给予行政处分。

第五章 附 则

第二十九条 省、自治区、直辖市人民政府根据本地实际情况，可以决定本条例适用于本行政区域内工伤保险费和生育保险费的征收、缴纳。

第三十条 税务机关、社会保险经办机构征收社会保险费，不得从社会保险基金中提取任何费用，所需经费列入预算，由财政拨付。

第三十一条 本条例自发布之日起施行。

工伤保险条例

（2003年4月27日国务院令第375号公布
根据2010年12月20日《国务院关于修改
〈工伤保险条例〉的决定》修订）

第一章 总 则

第一条 为了保障因工作遭受事故伤害或者患职业病的职工获得医疗救治和经济补偿，促进工伤预防和职业康复，分散用人单位的工伤风险，制定本条例。

第二条 中华人民共和国境内的企业、事业单位、社会团体、民办非企业单位、基金会、律师事务所、会计师事务所等组织和有雇工的个体工商户（以下称用人单位）应当依照本条例规定参加工伤保险，为本单位全部职工或者雇工（以下称职工）缴纳工伤保险费。

中华人民共和国境内的企业、事业单位、社会团体、民办非企业单位、基金会、律师事务所、会计师事务所等组织的职工和个体工商户的雇工，均有依照本条例的规定享受工伤保险待遇的权利。

第三条 工伤保险费的征缴按照《社会保险费征缴暂行条例》关于基本养老保险费、基本医疗保险费、失业保险费的征缴规定执行。

第四条 用人单位应当将参加工伤保险的有关情况在本单位内公示。

用人单位和职工应当遵守有关安全生产和职业病防治的法律法规，执行安全卫生规程和标准，预防工伤事故发生，避免和减少职业病危害。

职工发生工伤时，用人单位应当采取措施使工伤职工得到及时救治。

第五条　国务院社会保险行政部门负责全国的工伤保险工作。

县级以上地方各级人民政府社会保险行政部门负责本行政区域内的工伤保险工作。

社会保险行政部门按照国务院有关规定设立的社会保险经办机构（以下称经办机构）具体承办工伤保险事务。

第六条　社会保险行政部门等部门制定工伤保险的政策、标准，应当征求工会组织、用人单位代表的意见。

第二章　工伤保险基金

第七条　工伤保险基金由用人单位缴纳的工伤保险费、工伤保险基金的利息和依法纳入工伤保险基金的其他资金构成。

第八条　工伤保险费根据以支定收、收支平衡的原则，确定费率。

国家根据不同行业的工伤风险程度确定行业的差别费率，并根据工伤保险费使用、工伤发生率等情况在每个行业内确定若干费率档次。行业差别费率及行业内费率档次由国务院社会保险行政部门制定，报国务院批准后公布施行。

统筹地区经办机构根据用人单位工伤保险费使用、工伤发生率等情况，适用所属行业内相应的费率档次确定单位缴费费率。

第九条　国务院社会保险行政部门应当定期了解全国各统筹地区工伤保险基金收支情况，及时提出调整行业差别费率及行业内费率档次的方案，报国务院批准后公布施行。

第十条 用人单位应当按时缴纳工伤保险费。职工个人不缴纳工伤保险费。

用人单位缴纳工伤保险费的数额为本单位职工工资总额乘以单位缴费费率之积。

对难以按照工资总额缴纳工伤保险费的行业，其缴纳工伤保险费的具体方式，由国务院社会保险行政部门规定。

第十一条 工伤保险基金逐步实行省级统筹。

跨地区、生产流动性较大的行业，可以采取相对集中的方式异地参加统筹地区的工伤保险。具体办法由国务院社会保险行政部门会同有关行业的主管部门制定。

第十二条 工伤保险基金存入社会保障基金财政专户，用于本条例规定的工伤保险待遇，劳动能力鉴定，工伤预防的宣传、培训等费用，以及法律、法规规定的用于工伤保险的其他费用的支付。

工伤预防费用的提取比例、使用和管理的具体办法，由国务院社会保险行政部门会同国务院财政、卫生行政、安全生产监督管理等部门规定。

任何单位或者个人不得将工伤保险基金用于投资运营、兴建或者改建办公场所、发放奖金，或者挪作其他用途。

第十三条 工伤保险基金应当留有一定比例的储备金，用于统筹地区重大事故的工伤保险待遇支付；储备金不足支付的，由统筹地区的人民政府垫付。储备金占基金总额的具体比例和储备金的使用办法，由省、自治区、直辖市人民政府规定。

第三章 工 伤 认 定

第十四条 职工有下列情形之一的，应当认定为工伤：

（一）在工作时间和工作场所内，因工作原因受到事故伤害的；

（二）工作时间前后在工作场所内，从事与工作有关的预备性或者收尾性工作受到事故伤害的；

（三）在工作时间和工作场所内，因履行工作职责受到暴力等意外伤害的；

（四）患职业病的；

（五）因工外出期间，由于工作原因受到伤害或者发生事故下落不明的；

（六）在上下班途中，受到非本人主要责任的交通事故或者城市轨道交通、客运轮渡、火车事故伤害的；

（七）法律、行政法规规定应当认定为工伤的其他情形。

第十五条　职工有下列情形之一的，视同工伤：

（一）在工作时间和工作岗位，突发疾病死亡或者在 48 小时之内经抢救无效死亡的；

（二）在抢险救灾等维护国家利益、公共利益活动中受到伤害的；

（三）职工原在军队服役，因战、因公负伤致残，已取得革命伤残军人证，到用人单位后旧伤复发的。

职工有前款第（一）项、第（二）项情形的，按照本条例的有关规定享受工伤保险待遇；职工有前款第（三）项情形的，按照本条例的有关规定享受除一次性伤残补助金以外的工伤保险待遇。

第十六条　职工符合本条例第十四条、第十五条的规定，但是有下列情形之一的，不得认定为工伤或者视同工伤：

（一）故意犯罪的；

（二）醉酒或者吸毒的；

（三）自残或者自杀的。

第十七条　职工发生事故伤害或者按照职业病防治法规定被诊断、鉴定为职业病，所在单位应当自事故伤害发生之日或者被诊断、鉴定为职业病之日起 30 日内，向统筹地区社会保险行政部门提出工伤认定申请。遇有特殊情况，经报社会保险行政部门同意，申请时限可以适当延长。

用人单位未按前款规定提出工伤认定申请的，工伤职工或者其近亲属、工会组织在事故伤害发生之日或者被诊断、鉴定为职业病之日起1年内，可以直接向用人单位所在地统筹地区社会保险行政部门提出工伤认定申请。

按照本条第一款规定应当由省级社会保险行政部门进行工伤认定的事项，根据属地原则由用人单位所在地的设区的市级社会保险行政部门办理。

用人单位未在本条第一款规定的时限内提交工伤认定申请，在此期间发生符合本条例规定的工伤待遇等有关费用由该用人单位负担。

第十八条 提出工伤认定申请应当提交下列材料：

（一）工伤认定申请表；

（二）与用人单位存在劳动关系（包括事实劳动关系）的证明材料；

（三）医疗诊断证明或者职业病诊断证明书（或者职业病诊断鉴定书）。

工伤认定申请表应当包括事故发生的时间、地点、原因以及职工伤害程度等基本情况。

工伤认定申请人提供材料不完整的，社会保险行政部门应当一次性书面告知工伤认定申请人需要补正的全部材料。申请人按照书面告知要求补正材料后，社会保险行政部门应当受理。

第十九条 社会保险行政部门受理工伤认定申请后，根据审核需要可以对事故伤害进行调查核实，用人单位、职工、工会组织、医疗机构以及有关部门应当予以协助。职业病诊断和诊断争议的鉴定，依照职业病防治法的有关规定执行。对依法取得职业病诊断证明书或者职业病诊断鉴定书的，社会保险行政部门不再进行调查核实。

职工或者其近亲属认为是工伤，用人单位不认为是工伤的，由用人单位承担举证责任。

第二十条 社会保险行政部门应当自受理工伤认定申请之日起 60 日内作出工伤认定的决定，并书面通知申请工伤认定的职工或者其近亲属和该职工所在单位。

社会保险行政部门对受理的事实清楚、权利义务明确的工伤认定申请，应当在 15 日内作出工伤认定的决定。

作出工伤认定决定需要以司法机关或者有关行政主管部门的结论为依据的，在司法机关或者有关行政主管部门尚未作出结论期间，作出工伤认定决定的时限中止。

社会保险行政部门工作人员与工伤认定申请人有利害关系的，应当回避。

第四章 劳动能力鉴定

第二十一条 职工发生工伤，经治疗伤情相对稳定后存在残疾、影响劳动能力的，应当进行劳动能力鉴定。

第二十二条 劳动能力鉴定是指劳动功能障碍程度和生活自理障碍程度的等级鉴定。

劳动功能障碍分为十个伤残等级，最重的为一级，最轻的为十级。

生活自理障碍分为三个等级：生活完全不能自理、生活大部分不能自理和生活部分不能自理。

劳动能力鉴定标准由国务院社会保险行政部门会同国务院卫生行政部门等部门制定。

第二十三条 劳动能力鉴定由用人单位、工伤职工或者其近亲属向设区的市级劳动能力鉴定委员会提出申请，并提供工伤认定决定和职工工伤医疗的有关资料。

第二十四条 省、自治区、直辖市劳动能力鉴定委员会和设区的市级劳动能力鉴定委员会分别由省、自治区、直辖市和设区的市级社会保险行政部门、卫生行政部门、工会组织、经办机构代表以及用人单位代表组成。

劳动能力鉴定委员会建立医疗卫生专家库。列入专家库的医疗卫生专业技术人员应当具备下列条件：

（一）具有医疗卫生高级专业技术职务任职资格；

（二）掌握劳动能力鉴定的相关知识；

（三）具有良好的职业品德。

第二十五条 设区的市级劳动能力鉴定委员会收到劳动能力鉴定申请后，应当从其建立的医疗卫生专家库中随机抽取3名或者5名相关专家组成专家组，由专家组提出鉴定意见。设区的市级劳动能力鉴定委员会根据专家组的鉴定意见作出工伤职工劳动能力鉴定结论；必要时，可以委托具备资格的医疗机构协助进行有关的诊断。

设区的市级劳动能力鉴定委员会应当自收到劳动能力鉴定申请之日起60日内作出劳动能力鉴定结论，必要时，作出劳动能力鉴定结论的期限可以延长30日。劳动能力鉴定结论应当及时送达申请鉴定的单位和个人。

第二十六条 申请鉴定的单位或者个人对设区的市级劳动能力鉴定委员会作出的鉴定结论不服的，可以在收到该鉴定结论之日起15日内向省、自治区、直辖市劳动能力鉴定委员会提出再次鉴定申请。省、自治区、直辖市劳动能力鉴定委员会作出的劳动能力鉴定结论为最终结论。

第二十七条 劳动能力鉴定工作应当客观、公正。劳动能力鉴定委员会组成人员或者参加鉴定的专家与当事人有利害关系的，应当回避。

第二十八条 自劳动能力鉴定结论作出之日起1年后，工伤职工或者其近亲属、所在单位或者经办机构认为伤残情况发生变化的，可以申请劳动能力复查鉴定。

第二十九条 劳动能力鉴定委员会依照本条例第二十六条和第二十八条的规定进行再次鉴定和复查鉴定的期限，依照本条例第二十五条第二款的规定执行。

第五章 工伤保险待遇

第三十条 职工因工作遭受事故伤害或者患职业病进行治疗，享受工伤医疗待遇。

职工治疗工伤应当在签订服务协议的医疗机构就医，情况紧急时可以先到就近的医疗机构急救。

治疗工伤所需费用符合工伤保险诊疗项目目录、工伤保险药品目录、工伤保险住院服务标准的，从工伤保险基金支付。工伤保险诊疗项目目录、工伤保险药品目录、工伤保险住院服务标准，由国务院社会保险行政部门会同国务院卫生行政部门、食品药品监督管理部门等部门规定。

职工住院治疗工伤的伙食补助费，以及经医疗机构出具证明，报经办机构同意，工伤职工到统筹地区以外就医所需的交通、食宿费用从工伤保险基金支付，基金支付的具体标准由统筹地区人民政府规定。

工伤职工治疗非工伤引发的疾病，不享受工伤医疗待遇，按照基本医疗保险办法处理。

工伤职工到签订服务协议的医疗机构进行工伤康复的费用，符合规定的，从工伤保险基金支付。

第三十一条 社会保险行政部门作出认定为工伤的决定后发生行政复议、行政诉讼的，行政复议和行政诉讼期间不停止支付工伤职工治疗工伤的医疗费用。

第三十二条 工伤职工因日常生活或者就业需要，经劳动能力鉴定委员会确认，可以安装假肢、矫形器、假眼、假牙和配置轮椅等辅助器具，所需费用按照国家规定的标准从工伤保险基金支付。

第三十三条 职工因工作遭受事故伤害或者患职业病需要暂停工作接受工伤医疗的，在停工留薪期内，原工资福利待遇不变，由所在单位按月支付。

停工留薪期一般不超过 12 个月。伤情严重或者情况特殊，经设区的市级劳动能力鉴定委员会确认，可以适当延长，但延长不得超过 12 个月。工伤职工评定伤残等级后，停发原待遇，按照本章的有关规定享受伤残待遇。工伤职工在停工留薪期满后仍需治疗的，继续享受工伤医疗待遇。

生活不能自理的工伤职工在停工留薪期需要护理的，由所在单位负责。

第三十四条 工伤职工已经评定伤残等级并经劳动能力鉴定委员会确认需要生活护理的，从工伤保险基金按月支付生活护理费。

生活护理费按照生活完全不能自理、生活大部分不能自理或者生活部分不能自理 3 个不同等级支付，其标准分别为统筹地区上年度职工月平均工资的 50%、40%或者 30%。

第三十五条 职工因工致残被鉴定为一级至四级伤残的，保留劳动关系，退出工作岗位，享受以下待遇：

（一）从工伤保险基金按伤残等级支付一次性伤残补助金，标准为：一级伤残为 27 个月的本人工资，二级伤残为 25 个月的本人工资，三级伤残为 23 个月的本人工资，四级伤残为 21 个月的本人工资。

（二）从工伤保险基金按月支付伤残津贴，标准为：一级伤残为本人工资的 90%，二级伤残为本人工资的 85%，三级伤残为本人工资的 80%，四级伤残为本人工资的 75%。伤残津贴实际金额低于当地最低工资标准的，由工伤保险基金补足差额。

（三）工伤职工达到退休年龄并办理退休手续后，停发伤残津贴，按照国家有关规定享受基本养老保险待遇。基本养老保险待遇低于伤残津贴的，由工伤保险基金补足差额。

职工因工致残被鉴定为一级至四级伤残的，由用人单位和职工个人以伤残津贴为基数，缴纳基本医疗保险费。

第三十六条 职工因工致残被鉴定为五级、六级伤残的，享受以下待遇：

（一）从工伤保险基金按伤残等级支付一次性伤残补助金，标准为：五级伤残为18个月的本人工资，六级伤残为16个月的本人工资。

（二）保留与用人单位的劳动关系，由用人单位安排适当工作。难以安排工作的，由用人单位按月发给伤残津贴，标准为：五级伤残为本人工资的70%，六级伤残为本人工资的60%，并由用人单位按照规定为其缴纳应缴纳的各项社会保险费。伤残津贴实际金额低于当地最低工资标准的，由用人单位补足差额。

经工伤职工本人提出，该职工可以与用人单位解除或者终止劳动关系，由工伤保险基金支付一次性工伤医疗补助金，由用人单位支付一次性伤残就业补助金。一次性工伤医疗补助金和一次性伤残就业补助金的具体标准由省、自治区、直辖市人民政府规定。

第三十七条 职工因工致残被鉴定为七级至十级伤残的，享受以下待遇：

（一）从工伤保险基金按伤残等级支付一次性伤残补助金，标准为：七级伤残为13个月的本人工资，八级伤残为11个月的本人工资，九级伤残为9个月的本人工资，十级伤残为7个月的本人工资；

（二）劳动、聘用合同期满终止，或者职工本人提出解除劳动、聘用合同的，由工伤保险基金支付一次性工伤医疗补助金，由用人单位支付一次性伤残就业补助金。一次性工伤医疗补助金和一次性伤残就业补助金的具体标准由省、自治区、直辖市人民政府规定。

第三十八条　工伤职工工伤复发，确认需要治疗的，享受本条例第三十条、第三十二条和第三十三条规定的工伤待遇。

第三十九条　职工因工死亡，其近亲属按照下列规定从工伤保险基金领取丧葬补助金、供养亲属抚恤金和一次性工亡补助金：

（一）丧葬补助金为6个月的统筹地区上年度职工月平均工资。

（二）供养亲属抚恤金按照职工本人工资的一定比例发给由因工死亡职工生前提供主要生活来源、无劳动能力的亲属。标准为：配偶每月40%，其他亲属每人每月30%，孤寡老人或者孤儿每人每月在上述标准的基础上增加10%。核定的各供养亲属的抚恤金之和不应高于因工死亡职工生前的工资。供养亲属的具体范围由国务院社会保险行政部门规定。

（三）一次性工亡补助金标准为上一年度全国城镇居民人均可支配收入的20倍。

伤残职工在停工留薪期内因工伤导致死亡的，其近亲属享受本条第一款规定的待遇。

一级至四级伤残职工在停工留薪期满后死亡的，其近亲属可以享受本条第一款第（一）项、第（二）项规定的待遇。

第四十条　伤残津贴、供养亲属抚恤金、生活护理费由统筹地区社会保险行政部门根据职工平均工资和生活费用变化等情况适时调整。调整办法由省、自治区、直辖市人民政府规定。

第四十一条　职工因工外出期间发生事故或者在抢险救灾中下落不明的，从事故发生当月起3个月内照发工资，从第4个月起停发工资，由工伤保险基金向其供养亲属按月支付供养亲属抚恤金。生活有困难的，可以预支一次性工亡补助金的50%。职工被人民法院宣告死亡的，按照本条例第三十九条职工因工死亡的规定处理。

第四十二条　工伤职工有下列情形之一的，停止享受工伤保险待遇：

（一）丧失享受待遇条件的；

（二）拒不接受劳动能力鉴定的；

（三）拒绝治疗的。

第四十三条 用人单位分立、合并、转让的，承继单位应当承担原用人单位的工伤保险责任；原用人单位已经参加工伤保险的，承继单位应当到当地经办机构办理工伤保险变更登记。

用人单位实行承包经营的，工伤保险责任由职工劳动关系所在单位承担。

职工被借调期间受到工伤事故伤害的，由原用人单位承担工伤保险责任，但原用人单位与借调单位可以约定补偿办法。

企业破产的，在破产清算时依法拨付应当由单位支付的工伤保险待遇费用。

第四十四条 职工被派遣出境工作，依据前往国家或者地区的法律应当参加当地工伤保险的，参加当地工伤保险，其国内工伤保险关系中止；不能参加当地工伤保险的，其国内工伤保险关系不中止。

第四十五条 职工再次发生工伤，根据规定应当享受伤残津贴的，按照新认定的伤残等级享受伤残津贴待遇。

第六章 监督管理

第四十六条 经办机构具体承办工伤保险事务，履行下列职责：

（一）根据省、自治区、直辖市人民政府规定，征收工伤保险费；

（二）核查用人单位的工资总额和职工人数，办理工伤保险登记，并负责保存用人单位缴费和职工享受工伤保险待遇情况的记录；

（三）进行工伤保险的调查、统计；

（四）按照规定管理工伤保险基金的支出；

（五）按照规定核定工伤保险待遇；

（六）为工伤职工或者其近亲属免费提供咨询服务。

第四十七条 经办机构与医疗机构、辅助器具配置机构在平等协商的基础上签订服务协议，并公布签订服务协议的医疗机构、辅助器具配置机构的名单。具体办法由国务院社会保险行政部门分别会同国务院卫生行政部门、民政部门等部门制定。

第四十八条 经办机构按照协议和国家有关目录、标准对工伤职工医疗费用、康复费用、辅助器具费用的使用情况进行核查，并按时足额结算费用。

第四十九条 经办机构应当定期公布工伤保险基金的收支情况，及时向社会保险行政部门提出调整费率的建议。

第五十条 社会保险行政部门、经办机构应当定期听取工伤职工、医疗机构、辅助器具配置机构以及社会各界对改进工伤保险工作的意见。

第五十一条 社会保险行政部门依法对工伤保险费的征缴和工伤保险基金的支付情况进行监督检查。

财政部门和审计机关依法对工伤保险基金的收支、管理情况进行监督。

第五十二条 任何组织和个人对有关工伤保险的违法行为，有权举报。社会保险行政部门对举报应当及时调查，按照规定处理，并为举报人保密。

第五十三条 工会组织依法维护工伤职工的合法权益，对用人单位的工伤保险工作实行监督。

第五十四条 职工与用人单位发生工伤待遇方面的争议，按照处理劳动争议的有关规定处理。

第五十五条 有下列情形之一的，有关单位或者个人可以依法申请行政复议，也可以依法向人民法院提起行政诉讼：

（一）申请工伤认定的职工或者其近亲属、该职工所在单位对工伤认定申请不予受理的决定不服的；

（二）申请工伤认定的职工或者其近亲属、该职工所在单位对工伤认定结论不服的；

（三）用人单位对经办机构确定的单位缴费费率不服的；

（四）签订服务协议的医疗机构、辅助器具配置机构认为经办机构未履行有关协议或者规定的；

（五）工伤职工或者其近亲属对经办机构核定的工伤保险待遇有异议的。

第七章　法律责任

第五十六条　单位或者个人违反本条例第十二条规定挪用工伤保险基金，构成犯罪的，依法追究刑事责任；尚不构成犯罪的，依法给予处分或者纪律处分。被挪用的基金由社会保险行政部门追回，并入工伤保险基金；没收的违法所得依法上缴国库。

第五十七条　社会保险行政部门工作人员有下列情形之一的，依法给予处分；情节严重，构成犯罪的，依法追究刑事责任：

（一）无正当理由不受理工伤认定申请，或者弄虚作假将不符合工伤条件的人员认定为工伤职工的；

（二）未妥善保管申请工伤认定的证据材料，致使有关证据灭失的；

（三）收受当事人财物的。

第五十八条　经办机构有下列行为之一的，由社会保险行政部门责令改正，对直接负责的主管人员和其他责任人员依法给予纪律处分；情节严重，构成犯罪的，依法追究刑事责任；造成当事人经济损失的，由经办机构依法承担赔偿责任：

（一）未按规定保存用人单位缴费和职工享受工伤保险待遇情况记录的；

（二）不按规定核定工伤保险待遇的；

（三）收受当事人财物的。

第五十九条 医疗机构、辅助器具配置机构不按服务协议提供服务的，经办机构可以解除服务协议。

经办机构不按时足额结算费用的，由社会保险行政部门责令改正；医疗机构、辅助器具配置机构可以解除服务协议。

第六十条 用人单位、工伤职工或者其近亲属骗取工伤保险待遇，医疗机构、辅助器具配置机构骗取工伤保险基金支出的，由社会保险行政部门责令退还，处骗取金额 2 倍以上 5 倍以下的罚款；情节严重，构成犯罪的，依法追究刑事责任。

第六十一条 从事劳动能力鉴定的组织或者个人有下列情形之一的，由社会保险行政部门责令改正，处 2 000 元以上 1 万元以下的罚款；情节严重，构成犯罪的，依法追究刑事责任：

（一）提供虚假鉴定意见的；

（二）提供虚假诊断证明的；

（三）收受当事人财物的。

第六十二条 用人单位依照本条例规定应当参加工伤保险而未参加的，由社会保险行政部门责令限期参加，补缴应当缴纳的工伤保险费，并自欠缴之日起，按日加收万分之五的滞纳金；逾期仍不缴纳的，处欠缴数额 1 倍以上 3 倍以下的罚款。

依照本条例规定应当参加工伤保险而未参加工伤保险的用人单位职工发生工伤的，由该用人单位按照本条例规定的工伤保险待遇项目和标准支付费用。

用人单位参加工伤保险并补缴应当缴纳的工伤保险费、滞纳金后，由工伤保险基金和用人单位依照本条例的规定支付新发生的费用。

第六十三条 用人单位违反本条例第十九条的规定，拒不协助社会保险行政部门对事故进行调查核实的，由社会保险行政部门责令改正，处 2 000 元以上 2 万元以下的罚款。

第八章　附　　则

第六十四条　本条例所称工资总额，是指用人单位直接支付给本单位全部职工的劳动报酬总额。

本条例所称本人工资，是指工伤职工因工作遭受事故伤害或者患职业病前12个月平均月缴费工资。本人工资高于统筹地区职工平均工资300%的，按照统筹地区职工平均工资的300%计算；本人工资低于统筹地区职工平均工资60%的，按照统筹地区职工平均工资的60%计算。

第六十五条　公务员和参照公务员法管理的事业单位、社会团体的工作人员因工作遭受事故伤害或者患职业病的，由所在单位支付费用。具体办法由国务院社会保险行政部门会同国务院财政部门规定。

第六十六条　无营业执照或者未经依法登记、备案的单位以及被依法吊销营业执照或者撤销登记、备案的单位的职工受到事故伤害或者患职业病的，由该单位向伤残职工或者死亡职工的近亲属给予一次性赔偿，赔偿标准不得低于本条例规定的工伤保险待遇；用人单位不得使用童工，用人单位使用童工造成童工伤残、死亡的，由该单位向童工或者童工的近亲属给予一次性赔偿，赔偿标准不得低于本条例规定的工伤保险待遇。具体办法由国务院社会保险行政部门规定。

前款规定的伤残职工或者死亡职工的近亲属就赔偿数额与单位发生争议的，以及前款规定的童工或者童工的近亲属就赔偿数额与单位发生争议的，按照处理劳动争议的有关规定处理。

第六十七条　本条例自2004年1月1日起施行。本条例施行前已受到事故伤害或者患职业病的职工尚未完成工伤认定的，按照本条例的规定执行。

因工死亡职工供养亲属范围规定

（2003年9月23日劳动和社会保障部令第18号公布）

第一条 为明确因工死亡职工供养亲属范围，根据《工伤保险条例》第三十七条第一款第二项的授权，制定本规定。

第二条 本规定所称因工死亡职工供养亲属，是指该职工的配偶、子女、父母、祖父母、外祖父母、孙子女、外孙子女、兄弟姐妹。

本规定所称子女，包括婚生子女、非婚生子女、养子女和有抚养关系的继子女，其中，婚生子女、非婚生子女包括遗腹子女；

本规定所称父母，包括生父母、养父母和有抚养关系的继父母；

本规定所称兄弟姐妹，包括同父母的兄弟姐妹、同父异母或者同母异父的兄弟姐妹、养兄弟姐妹、有抚养关系的继兄弟姐妹。

第三条 上条规定的人员，依靠因工死亡职工生前提供主要生活来源，并有下列情形之一的，可按规定申请供养亲属抚恤金：

（一）完全丧失劳动能力的；

（二）工亡职工配偶男年满60周岁、女年满55周岁的；

（三）工亡职工父母男年满60周岁、女年满55周岁的；

（四）工亡职工子女未满18周岁的；

（五）工亡职工父母均已死亡，其祖父、外祖父年满60周岁，祖母、外祖母年满 55 周岁的；

（六）工亡职工子女已经死亡或完全丧失劳动能力，其孙子女、外孙子女未满 18 周岁的；

（七）工亡职工父母均已死亡或完全丧失劳动能力，其兄弟姐妹未满 18 周岁的。

第四条　领取抚恤金人员有下列情形之一的，停止享受抚恤金待遇：

（一）年满 18 周岁且未完全丧失劳动能力的；

（二）就业或参军的；

（三）工亡职工配偶再婚的；

（四）被他人或组织收养的；

（五）死亡的。

第五条　领取抚恤金的人员，在被判刑收监执行期间，停止享受抚恤金待遇。刑满释放仍符合领取抚恤金资格的，按规定的标准享受抚恤金。

第六条　因工死亡职工供养亲属享受抚恤金待遇的资格，由统筹地区社会保险经办机构核定。

因工死亡职工供养亲属的劳动能力鉴定，由因工死亡职工生前单位所在地设区的市级劳动能力鉴定委员会负责。

第七条　本办法自 2004 年 1 月 1 日起施行。

工伤认定办法

（2010 年 12 月 31 日人力资源和社会保障部令第 8 号公布）

第一条 为规范工伤认定程序，依法进行工伤认定，维护当事人的合法权益，根据《工伤保险条例》的有关规定，制定本办法。

第二条 社会保险行政部门进行工伤认定按照本办法执行。

第三条 工伤认定应当客观公正、简捷方便，认定程序应当向社会公开。

第四条 职工发生事故伤害或者按照职业病防治法规定被诊断、鉴定为职业病，所在单位应当自事故伤害发生之日或者被诊断、鉴定为职业病之日起 30 日内，向统筹地区社会保险行政部门提出工伤认定申请。遇有特殊情况，经报社会保险行政部门同意，申请时限可以适当延长。

按照前款规定应当向省级社会保险行政部门提出工伤认定申请的，根据属地原则应当向用人单位所在地设区的市级社会保险行政部门提出。

第五条 用人单位未在规定的时限内提出工伤认定申请的，受伤害职工或者其近亲属、工会组织在事故伤害发生之日或者被诊断、鉴定为职业病之日起 1 年内，可以直接按照本办法第四条规定提出工伤认定申请。

第六条 提出工伤认定申请应当填写《工伤认定申请表》，并提交下列材料：

（一）劳动、聘用合同文本复印件或者与用人单位存在劳动关系（包括事实劳动关系）、人事关系的其他证明材料；

（二）医疗机构出具的受伤后诊断证明书或者职业病诊断证明书（或者职业病诊断鉴定书）。

第七条 工伤认定申请人提交的申请材料符合要求，属于社会保险行政部门管辖范围且在受理时限内的，社会保险行政部门应当受理。

第八条 社会保险行政部门收到工伤认定申请后，应当在15日内对申请人提交的材料进行审核，材料完整的，作出受理或者不予受理的决定；材料不完整的，应当以书面形式一次性告知申请人需要补正的全部材料。社会保险行政部门收到申请人提交的全部补正材料后，应当在15日内作出受理或者不予受理的决定。

社会保险行政部门决定受理的，应当出具《工伤认定申请受理决定书》；决定不予受理的，应当出具《工伤认定申请不予受理决定书》。

第九条 社会保险行政部门受理工伤认定申请后，可以根据需要对申请人提供的证据进行调查核实。

第十条 社会保险行政部门进行调查核实，应当由两名以上工作人员共同进行，并出示执行公务的证件。

第十一条 社会保险行政部门工作人员在工伤认定中，可以进行以下调查核实工作：

（一）根据工作需要，进入有关单位和事故现场；

（二）依法查阅与工伤认定有关的资料，询问有关人员并作出调查笔录；

（三）记录、录音、录像和复制与工伤认定有关的资料。调查核实工作的证据收集参照行政诉讼证据收集的有关规定执行。

第十二条 社会保险行政部门工作人员进行调查核实时，有关单位和个人应当予以协助。用人单位、工会组织、医疗机构以及有关部门应当负责安排相关人员配合工作，据实提供情况和证明材料。

第十三条 社会保险行政部门在进行工伤认定时，对申请人提供的符合国家有关规定的职业病诊断证明书或者职业病诊断鉴定书，不再进行调查核实。职业病诊断证明书或者职业病诊断鉴定书不符合国家规定的要求和格式的，社会保险行政部门可以要求出具证据部门重新提供。

第十四条 社会保险行政部门受理工伤认定申请后，可以根据工作需要，委托其他统筹地区的社会保险行政部门或者相关部门进行调查核实。

第十五条 社会保险行政部门工作人员进行调查核实时，应当履行下列义务：

（一）保守有关单位商业秘密以及个人隐私；

（二）为提供情况的有关人员保密。

第十六条 社会保险行政部门工作人员与工伤认定申请人有利害关系的，应当回避。

第十七条 职工或者其近亲属认为是工伤，用人单位不认为是工伤的，由该用人单位承担举证责任。用人单位拒不举证的，社会保险行政部门可以根据受伤害职工提供的证据或者调查取得的证据，依法作出工伤认定决定。

第十八条 社会保险行政部门应当自受理工伤认定申请之日起60日内作出工伤认定决定，出具《认定工伤决定书》或者《不予认定工伤决定书》。

第十九条 《认定工伤决定书》应当载明下列事项：

（一）用人单位全称；

（二）职工的姓名、性别、年龄、职业、身份证号码；

（三）受伤害部位、事故时间和诊断时间或职业病名称、受伤害经过和核实情况、医疗救治的基本情况和诊断结论；

（四）认定工伤或者视同工伤的依据；

（五）不服认定决定申请行政复议或者提起行政诉讼的部门

和时限；

（六）作出认定工伤或者视同工伤决定的时间。

《不予认定工伤决定书》应当载明下列事项：

（一）用人单位全称；

（二）职工的姓名、性别、年龄、职业、身份证号码；

（三）不予认定工伤或者不视同工伤的依据；

（四）不服认定决定申请行政复议或者提起行政诉讼的部门和时限；

（五）作出不予认定工伤或者不视同工伤决定的时间。

《认定工伤决定书》和《不予认定工伤决定书》应当加盖社会保险行政部门工伤认定专用印章。

第二十条 社会保险行政部门受理工伤认定申请后，作出工伤认定决定需要以司法机关或者有关行政主管部门的结论为依据的，在司法机关或者有关行政主管部门尚未作出结论期间，作出工伤认定决定的时限中止，并书面通知申请人。

第二十一条 社会保险行政部门对于事实清楚、权利义务明确的工伤认定申请，应当自受理工伤认定申请之日起 15 日内作出工伤认定决定。

第二十二条 社会保险行政部门应当自工伤认定决定作出之日起 20 日内，将《认定工伤决定书》或者《不予认定工伤决定书》送达受伤害职工（或者其近亲属）和用人单位，并抄送社会保险经办机构。

《认定工伤决定书》和《不予认定工伤决定书》的送达参照民事法律有关送达的规定执行。

第二十三条 职工或者其近亲属、用人单位对不予受理决定不服或者对工伤认定决定不服的，可以依法申请行政复议或者提起行政诉讼。

第二十四条 工伤认定结束后，社会保险行政部门应当将工伤认定的有关资料保存 50 年。

第二十五条 用人单位拒不协助社会保险行政部门对事故伤害进行调查核实的，由社会保险行政部门责令改正，处2 000元以上2万元以下的罚款。

第二十六条 本办法中的《工伤认定申请表》《工伤认定申请受理决定书》《工伤认定申请不予受理决定书》《认定工伤决定书》《不予认定工伤决定书》的样式由国务院社会保险行政部门统一制定。

第二十七条 本办法自2011年1月1日起施行。劳动和社会保障部2003年9月23日颁布的《工伤认定办法》同时废止。

非法用工单位伤亡人员一次性赔偿办法

（2010 年 12 月 31 日人力资源和社会保障部令第 9 号公布）

第一条 根据《工伤保险条例》第六十六条第一款的授权，制定本办法。

第二条 本办法所称非法用工单位伤亡人员，是指无营业执照或者未经依法登记、备案的单位以及被依法吊销营业执照或者撤销登记、备案的单位受到事故伤害或者患职业病的职工，或者用人单位使用童工造成的伤残、死亡童工。

前款所列单位必须按照本办法的规定向伤残职工或者死亡职工的近亲属、伤残童工或者死亡童工的近亲属给予一次性赔偿。

第三条 一次性赔偿包括受到事故伤害或者患职业病的职工或童工在治疗期间的费用和一次性赔偿金。一次性赔偿金数额应当在受到事故伤害或者患职业病的职工或童工死亡或者经劳动能力鉴定后确定。

劳动能力鉴定按照属地原则由单位所在地设区的市级劳动能力鉴定委员会办理。劳动能力鉴定费用由伤亡职工或童工所在单位支付。

第四条 职工或童工受到事故伤害或者患职业病，在劳动能力鉴定之前进行治疗期间的生活费按照统筹地区上年度职工月平均工资标准确定，医疗费、护理费、住院期间的伙食补助费以及所需的交通费等费用按照《工伤保险条例》规定的标准和范围确定，并全部由伤残职工或童工所在单位支付。

第五条 一次性赔偿金按照以下标准支付：

一级伤残的为赔偿基数的16倍，二级伤残的为赔偿基数的14倍，三级伤残的为赔偿基数的12倍，四级伤残的为赔偿基数的10倍，五级伤残的为赔偿基数的8倍，六级伤残的为赔偿基数的6倍，七级伤残的为赔偿基数的4倍，八级伤残的为赔偿基数的3倍，九级伤残的为赔偿基数的2倍，十级伤残的为赔偿基数的1倍。

前款所称赔偿基数，是指单位所在工伤保险统筹地区上年度职工年平均工资。

第六条 受到事故伤害或者患职业病造成死亡的，按照上一年度全国城镇居民人均可支配收入的20倍支付一次性赔偿金，并按照上一年度全国城镇居民人均可支配收入的10倍一次性支付丧葬补助等其他赔偿金。

第七条 单位拒不支付一次性赔偿的，伤残职工或者死亡职工的近亲属、伤残童工或者死亡童工的近亲属可以向人力资源和社会保障行政部门举报。经查证属实的，人力资源和社会保障行政部门应当责令该单位限期改正。

第八条 伤残职工或者死亡职工的近亲属、伤残童工或者死亡童工的近亲属就赔偿数额与单位发生争议的，按照劳动争议处理的有关规定处理。

第九条 本办法自2011年1月1日起施行。劳动和社会保障部2003年9月23日颁布的《非法用工单位伤亡人员一次性赔偿办法》同时废止。

部分行业企业工伤保险费缴纳办法

（2010 年 12 月 31 日人力资源和社会保障部令第 10 号公布）

第一条　根据《工伤保险条例》第十条第三款的授权，制定本办法。

第二条　本办法所称的部分行业企业是指建筑、服务、矿山等行业中难以直接按照工资总额计算缴纳工伤保险费的建筑施工企业、小型服务企业、小型矿山企业等。

前款所称小型服务企业、小型矿山企业的划分标准可以参照《中小企业标准暂行规定》（国经贸中小企〔2003〕143 号）执行。

第三条　建筑施工企业可以实行以建筑施工项目为单位，按照项目工程总造价的一定比例，计算缴纳工伤保险费。

第四条　商贸、餐饮、住宿、美容美发、洗浴以及文体娱乐等小型服务业企业以及有雇工的个体工商户，可以按照营业面积的大小核定应参保人数，按照所在统筹地区上一年度职工月平均工资的一定比例和相应的费率，计算缴纳工伤保险费；也可以按照营业额的一定比例计算缴纳工伤保险费。

第五条　小型矿山企业可以按照总产量、吨矿工资含量和相应的费率计算缴纳工伤保险费。

第六条　本办法中所列部分行业企业工伤保险费缴纳的具体计算办法，由省级社会保险行政部门根据本地区实际情况确定。

第七条　本办法自 2011 年 1 月 1 日起施行。

实施《中华人民共和国社会保险法》若干规定

（2011 年 6 月 29 日人力资源和社会保障部令第 13 号公布）

为了实施《中华人民共和国社会保险法》（以下简称社会保险法），制定本规定。

第一章　关于基本养老保险

第一条　社会保险法第十五条规定的统筹养老金，按照国务院规定的基础养老金计发办法计发。

第二条　参加职工基本养老保险的个人达到法定退休年龄时，累计缴费不足十五年的，可以延长缴费至满十五年。社会保险法实施前参保、延长缴费五年后仍不足十五年的，可以一次性缴费至满十五年。

第三条　参加职工基本养老保险的个人达到法定退休年龄后，累计缴费不足十五年（含依照第二条规定延长缴费）的，可以申请转入户籍所在地新型农村社会养老保险或者城镇居民社会养老保险，享受相应的养老保险待遇。

参加职工基本养老保险的个人达到法定退休年龄后，累计缴费不足十五年（含依照第二条规定延长缴费），且未转入新型农村社会养老保险或者城镇居民社会养老保险的，个人可以书面申请终止职工基本养老保险关系。社会保险经办机构收到申请后，应当书面告知其转入新型农村社会养老保险或者城镇居民社会养老保险的权利以及终止职工基本养老保险关系的后果，经本人书面确认后，终止其职工基本养老保险关系，并将个人账户储存额一次性支付给本人。

第四条 参加职工基本养老保险的个人跨省流动就业，达到法定退休年龄时累计缴费不足十五年的，按照《国务院办公厅关于转发人力资源社会保障部、财政部〈城镇企业职工基本养老保险关系转移接续暂行办法〉的通知》（国办发［2009］66号）有关待遇领取地的规定确定继续缴费地后，按照本规定第二条办理。

第五条 参加职工基本养老保险的个人跨省流动就业，符合按月领取基本养老金条件时，基本养老金分段计算、统一支付的具体办法，按照《国务院办公厅关于转发人力资源社会保障部、财政部〈城镇企业职工基本养老保险关系转移接续暂行办法〉的通知》（国办发［2009］66号）执行。

第六条 职工基本养老保险个人账户不得提前支取。个人在达到法定的领取基本养老金条件前离境定居的，其个人账户予以保留，达到法定领取条件时，按照国家规定享受相应的养老保险待遇。其中，丧失中华人民共和国国籍的，可以在其离境时或者离境后书面申请终止职工基本养老保险关系。社会保险经办机构收到申请后，应当书面告知其保留个人账户的权利以及终止职工基本养老保险关系的后果，经本人书面确认后，终止其职工基本养老保险关系，并将个人账户储存额一次性支付给本人。

参加职工基本养老保险的个人死亡后，其个人账户中的余额可以全部依法继承。

第二章　关于基本医疗保险

第七条 社会保险法第二十七条规定的退休人员享受基本医疗保险待遇的缴费年限按照各地规定执行。

参加职工基本医疗保险的个人，基本医疗保险关系转移接续时，基本医疗保险缴费年限累计计算。

第八条 参保人员在协议医疗机构发生的医疗费用，符合基本医疗保险药品目录、诊疗项目、医疗服务设施标准的，按照国家规定从基本医疗保险基金中支付。

参保人员确需急诊、抢救的，可以在非协议医疗机构就医；因抢救必须使用的药品可以适当放宽范围。参保人员急诊、抢救的医疗服务具体管理办法由统筹地区根据当地实际情况制定。

第三章 关于工伤保险

第九条 职工（包括非全日制从业人员）在两个或者两个以上用人单位同时就业的，各用人单位应当分别为职工缴纳工伤保险费。职工发生工伤，由职工受到伤害时工作的单位依法承担工伤保险责任。

第十条 社会保险法第三十七条第二项中的醉酒标准，按照《车辆驾驶人员血液、呼气酒精含量阈值与检验》（GB 19522—2004）执行。公安机关交通管理部门、医疗机构等有关单位依法出具的检测结论、诊断证明等材料，可以作为认定醉酒的依据。

第十一条 社会保险法第三十八条第八项中的因工死亡补助金是指《工伤保险条例》第三十九条的一次性工亡补助金，标准为工伤发生时上一年度全国城镇居民人均可支配收入的20倍。

上一年度全国城镇居民人均可支配收入以国家统计局公布的数据为准。

第十二条 社会保险法第三十九条第一项治疗工伤期间的工资福利，按照《工伤保险条例》第三十三条有关职工在停工留薪期内应当享受的工资福利和护理等待遇的规定执行。

第四章　关于失业保险

第十三条　失业人员符合社会保险法第四十五条规定条件的，可以申请领取失业保险金并享受其他失业保险待遇。其中，非因本人意愿中断就业包括下列情形：

（一）依照劳动合同法第四十四条第一项、第四项、第五项规定终止劳动合同的；

（二）由用人单位依照劳动合同法第三十九条、第四十条、第四十一条规定解除劳动合同的；

（三）用人单位依照劳动合同法第三十六条规定向劳动者提出解除劳动合同并与劳动者协商一致解除劳动合同的；

（四）由用人单位提出解除聘用合同或者被用人单位辞退、除名、开除的；

（五）劳动者本人依照劳动合同法第三十八条规定解除劳动合同的；

（六）法律、法规、规章规定的其他情形。

第十四条　失业人员领取失业保险金后重新就业的，再次失业时，缴费时间重新计算。失业人员因当期不符合失业保险金领取条件的，原有缴费时间予以保留，重新就业并参保的，缴费时间累计计算。

第十五条　失业人员在领取失业保险金期间，应当积极求职，接受职业介绍和职业培训。失业人员接受职业介绍、职业培训的补贴由失业保险基金按照规定支付。

第五章　关于基金管理和经办服务

第十六条　社会保险基金预算、决算草案的编制、审核和批准，依照《国务院关于试行社会保险基金预算的意见》（国发

［2010］2号）的规定执行。

第十七条 社会保险经办机构应当每年至少一次将参保人员个人权益记录单通过邮寄方式寄送本人。同时，社会保险经办机构可以通过手机短信或者电子邮件等方式向参保人员发送个人权益记录。

第十八条 社会保险行政部门、社会保险经办机构及其工作人员应当依法为用人单位和个人的信息保密，不得违法向他人泄露下列信息：

（一）涉及用人单位商业秘密或者公开后可能损害用人单位合法利益的信息；

（二）涉及个人权益的信息。

第六章 关于法律责任

第十九条 用人单位在终止或者解除劳动合同时拒不向职工出具终止或者解除劳动关系证明，导致职工无法享受社会保险待遇的，用人单位应当依法承担赔偿责任。

第二十条 职工应当缴纳的社会保险费由用人单位代扣代缴。用人单位未依法代扣代缴的，由社会保险费征收机构责令用人单位限期代缴，并自欠缴之日起向用人单位按日加收万分之五的滞纳金。用人单位不得要求职工承担滞纳金。

第二十一条 用人单位因不可抗力造成生产经营出现严重困难的，经省级人民政府社会保险行政部门批准后，可以暂缓缴纳一定期限的社会保险费，期限一般不超过一年。暂缓缴费期间，免收滞纳金。到期后，用人单位应当缴纳相应的社会保险费。

第二十二条 用人单位按照社会保险法第六十三条的规定，提供担保并与社会保险费征收机构签订缓缴协议的，免收缓缴期间的滞纳金。

第二十三条 用人单位按照本规定第二十一条、第二十二条缓缴社会保险费期间，不影响其职工依法享受社会保险待遇。

第二十四条 用人单位未按月将缴纳社会保险费的明细情况告知职工本人的，由社会保险行政部门责令改正；逾期不改的，按照《劳动保障监察条例》第三十条的规定处理。

第二十五条 医疗机构、药品经营单位等社会保险服务机构以欺诈、伪造证明材料或者其他手段骗取社会保险基金支出的，由社会保险行政部门责令退回骗取的社会保险金，处骗取金额二倍以上五倍以下的罚款。对与社会保险经办机构签订服务协议的医疗机构、药品经营单位，由社会保险经办机构按照协议追究责任，情节严重的，可以解除与其签订的服务协议。对有执业资格的直接负责的主管人员和其他直接责任人员，由社会保险行政部门建议授予其执业资格的有关主管部门依法吊销其执业资格。

第二十六条 社会保险经办机构、社会保险费征收机构、社会保险基金投资运营机构、开设社会保险基金专户的机构和专户管理银行及其工作人员有下列违法情形的，由社会保险行政部门按照社会保险法第九十一条的规定查处：

（一）将应征和已征的社会保险基金，采取隐藏、非法放置等手段，未按规定征缴、入账的；

（二）违规将社会保险基金转入社会保险基金专户以外的账户的；

（三）侵吞社会保险基金的；

（四）将各项社会保险基金互相挤占或者其他社会保障基金挤占社会保险基金的；

（五）将社会保险基金用于平衡财政预算，兴建、改建办公场所和支付人员经费、运行费用、管理费用的；

（六）违反国家规定的投资运营政策的。

第七章 其　他

第二十七条 职工与所在用人单位发生社会保险争议的，可以依照《中华人民共和国劳动争议调解仲裁法》《劳动人事争议仲裁办案规则》的规定，申请调解、仲裁，提起诉讼。

职工认为用人单位有未按时足额为其缴纳社会保险费等侵害其社会保险权益行为的，也可以要求社会保险行政部门或者社会保险费征收机构依法处理。社会保险行政部门或者社会保险费征收机构应当按照社会保险法和《劳动保障监察条例》等相关规定处理。在处理过程中，用人单位对双方的劳动关系提出异议的，社会保险行政部门应当依法查明相关事实后继续处理。

第二十八条 在社会保险经办机构征收社会保险费的地区，社会保险行政部门应当依法履行社会保险法第六十三条所规定的有关行政部门的职责。

第二十九条 2011 年 7 月 1 日后对用人单位未按时足额缴纳社会保险费的处理，按照社会保险法和本规定执行；对 2011 年 7 月 1 日前发生的用人单位未按时足额缴纳社会保险费的行为，按照国家和地方人民政府的有关规定执行。

第三十条 本规定自 2011 年 7 月 1 日起施行。

社会保险基金先行支付暂行办法

（2011 年 6 月 29 日人力资源和社会保障部令第 15 号公布）

第一条 为了维护公民的社会保险合法权益，规范社会保险基金先行支付管理，根据《中华人民共和国社会保险法》（以下简称社会保险法）和《工伤保险条例》，制定本办法。

第二条 参加基本医疗保险的职工或者居民（以下简称个人）由于第三人的侵权行为造成伤病的，其医疗费用应当由第三人按照确定的责任大小依法承担。超过第三人责任部分的医疗费用，由基本医疗保险基金按照国家规定支付。

前款规定中应当由第三人支付的医疗费用，第三人不支付或者无法确定第三人的，在医疗费用结算时，个人可以向参保地社会保险经办机构书面申请基本医疗保险基金先行支付，并告知造成其伤病的原因和第三人不支付医疗费用或者无法确定第三人的情况。

第三条 社会保险经办机构接到个人根据第二条规定提出的申请后，经审核确定其参加基本医疗保险的，应当按照统筹地区基本医疗保险基金支付的规定先行支付相应部分的医疗费用。

第四条 个人由于第三人的侵权行为造成伤病被认定为工伤，第三人不支付工伤医疗费用或者无法确定第三人的，个人或者其近亲属可以持工伤认定决定书和有关材料向社会保险经办机构书面申请工伤保险基金先行支付，并告知第三人不支付或者无法确定第三人的情况。

第五条 社会保险经办机构接到个人根据第四条规定提出的

申请后，应当审查个人获得基本医疗保险基金先行支付和其所在单位缴纳工伤保险费等情况，并按照下列情形分别处理：

（一）对于个人所在用人单位已经依法缴纳工伤保险费，且在认定工伤之前基本医疗保险基金有先行支付的，社会保险经办机构应当按照工伤保险有关规定，用工伤保险基金先行支付超出基本医疗保险基金先行支付部分的医疗费用，并向基本医疗保险基金退还先行支付的费用。

（二）对于个人所在用人单位已经依法缴纳工伤保险费，在认定工伤之前基本医疗保险基金无先行支付的，社会保险经办机构应当用工伤保险基金先行支付工伤医疗费用。

（三）对于个人所在用人单位未依法缴纳工伤保险费，且在认定工伤之前基本医疗保险基金有先行支付的，社会保险经办机构应当在3个工作日内向用人单位发出书面催告通知，要求用人单位在5个工作日内依法支付超出基本医疗保险基金先行支付部分的医疗费用，并向基本医疗保险基金偿还先行支付的医疗费用。用人单位在规定时间内不支付其余部分医疗费用的，社会保险经办机构应当用工伤保险基金先行支付。

（四）对于个人所在用人单位未依法缴纳工伤保险费，在认定工伤之前基本医疗保险基金无先行支付的，社会保险经办机构应当在3个工作日向用人单位发出书面催告通知，要求用人单位在5个工作日内依法支付全部工伤医疗费用；用人单位在规定时间内不支付的，社会保险经办机构应当用工伤保险基金先行支付。

第六条 职工所在用人单位未依法缴纳工伤保险费，发生工伤事故的，用人单位应当采取措施及时救治，并按照规定的工伤保险待遇项目和标准支付费用。

职工被认定为工伤后，有下列情形之一的，职工或者其近亲属可以持工伤认定决定书和有关材料向社会保险经办机构书面申请先行支付工伤保险待遇：

（一）用人单位被依法吊销营业执照或者撤销登记、备案的；

（二）用人单位拒绝支付全部或者部分费用的；

（三）依法经仲裁、诉讼后仍不能获得工伤保险待遇，法院出具中止执行文书的；

（四）职工认为用人单位不支付的其他情形。

第七条 社会保险经办机构收到职工或者其近亲属根据第六条规定提出的申请后，应当在3个工作日内向用人单位发出书面催告通知，要求其在5个工作日内予以核实并依法支付工伤保险待遇，告知其如在规定期限内不按时足额支付的，工伤保险基金在按照规定先行支付后，取得要求其偿还的权利。

第八条 用人单位未按照第七条规定按时足额支付的，社会保险经办机构应当按照社会保险法和《工伤保险条例》的规定，先行支付工伤保险待遇项目中应当由工伤保险基金支付的项目。

第九条 个人或者其近亲属提出先行支付医疗费用、工伤医疗费用或者工伤保险待遇申请，社会保险经办机构经审核不符合先行支付条件的，应当在收到申请后5个工作日内作出不予先行支付的决定，并书面通知申请人。

第十条 个人申请先行支付医疗费用、工伤医疗费用或者工伤保险待遇的，应当提交所有医疗诊断、鉴定等费用的原始票据等证据。社会保险经办机构应当保留所有原始票据等证据，要求申请人在先行支付凭据上签字确认，凭原始票据等证据先行支付医疗费用、工伤医疗费用或者工伤保险待遇。

个人因向第三人或者用人单位请求赔偿需要医疗费用、工伤医疗费用或者工伤保险待遇的原始票据等证据的，可以向社会保险经办机构索取复印件，并将第三人或者用人单位赔偿情况及时告知社会保险经办机构。

第十一条 个人已经从第三人或者用人单位处获得医疗费用、工伤医疗费用或者工伤保险待遇的，应当主动将先行支付金额中应当由第三人承担的部分或者工伤保险基金先行支付的工伤保险待遇退还给基本医疗保险基金或者工伤保险基金，社会保险经办机构不再向第三人或者用人单位追偿。

个人拒不退还的，社会保险经办机构可以从以后支付的相关待遇中扣减其应当退还的数额，或者向人民法院提起诉讼。

第十二条 社会保险经办机构按照本办法第三条规定先行支付医疗费用或者按照第五条第一项、第二项规定先行支付工伤医疗费用后，有关部门确定了第三人责任的，应当要求第三人按照确定的责任大小依法偿还先行支付数额中的相应部分。第三人逾期不偿还的，社会保险经办机构应当依法向人民法院提起诉讼。

第十三条 社会保险经办机构按照本办法第五条第三项、第四项和第六条、第七条、第八条的规定先行支付工伤保险待遇后，应当责令用人单位在10日内偿还。

用人单位逾期不偿还的，社会保险经办机构可以按照社会保险法第六十三条的规定，向银行和其他金融机构查询其存款账户，申请县级以上社会保险行政部门作出划拨应偿还款项的决定，并书面通知用人单位开户银行或者其他金融机构划拨其应当偿还的数额。

用人单位账户余额少于应当偿还数额的，社会保险经办机构可以要求其提供担保，签订延期还款协议。

用人单位未按时足额偿还且未提供担保的，社会保险经办机构可以申请人民法院扣押、查封、拍卖其价值相当于应当偿还数额的财产，以拍卖所得偿还所欠数额。

第十四条 社会保险经办机构向用人单位追偿工伤保险待遇发生的合理费用以及用人单位逾期偿还部分的利息损失等，应当由用人单位承担。

第十五条 用人单位不支付依法应当由其支付的工伤保险待遇项目的，职工可以依法申请仲裁、提起诉讼。

第十六条 个人隐瞒已经从第三人或者用人单位处获得医疗费用、工伤医疗费用或者工伤保险待遇，向社会保险经办机构申请并获得社会保险基金先行支付的，按照社会保险法第八十八条的规定处理。

第十七条 用人单位对社会保险经办机构作出先行支付的追偿决定不服或者对社会保险行政部门作出的划拨决定不服的，可以依法申请行政复议或者提起行政诉讼。

个人或者其近亲属对社会保险经办机构作出不予先行支付的决定不服或者对先行支付的数额不服的，可以依法申请行政复议或者提起行政诉讼。

第十八条 本办法自 2011 年 7 月 1 日起施行。

在中国境内就业的外国人参加社会保险暂行办法

（2011年9月6日人力资源和社会保障部令第16号公布）

第一条 为了维护在中国境内就业的外国人依法参加社会保险和享受社会保险待遇的合法权益，加强社会保险管理，根据《中华人民共和国社会保险法》（以下简称社会保险法），制定本办法。

第二条 在中国境内就业的外国人，是指依法获得《外国人就业证》《外国专家证》《外国常驻记者证》等就业证件和外国人居留证件，以及持有《外国人永久居留证》，在中国境内合法就业的非中国国籍的人员。

第三条 在中国境内依法注册或者登记的企业、事业单位、社会团体、民办非企业单位、基金会、律师事务所、会计师事务所等组织（以下称用人单位）依法招用的外国人，应当依法参加职工基本养老保险、职工基本医疗保险、工伤保险、失业保险和生育保险，由用人单位和本人按照规定缴纳社会保险费。

与境外雇主订立雇用合同后，被派遣到在中国境内注册或者登记的分支机构、代表机构（以下称境内工作单位）工作的外国人，应当依法参加职工基本养老保险、职工基本医疗保险、工伤保险、失业保险和生育保险，由境内工作单位和本人按照规定缴纳社会保险费。

第四条 用人单位招用外国人的，应当自办理就业证件之日起30日内为其办理社会保险登记。

受境外雇主派遣到境内工作单位工作的外国人，应当由境内工作单位按照前款规定为其办理社会保险登记。

依法办理外国人就业证件的机构，应当及时将外国人来华就业的相关信息通报当地社会保险经办机构。社会保险经办机构应当定期向相关机构查询外国人办理就业证件的情况。

第五条 参加社会保险的外国人，符合条件的，依法享受社会保险待遇。

在达到规定的领取养老金年龄前离境的，其社会保险个人账户予以保留，再次来中国就业的，缴费年限累计计算；经本人书面申请终止社会保险关系的，也可以将其社会保险个人账户储存额一次性支付给本人。

第六条 外国人死亡的，其社会保险个人账户余额可以依法继承。

第七条 在中国境外享受按月领取社会保险待遇的外国人，应当至少每年向负责支付其待遇的社会保险经办机构提供一次由中国驻外使、领馆出具的生存证明，或者由居住国有关机构公证、认证并经中国驻外使、领馆认证的生存证明。

外国人合法入境的，可以到社会保险经办机构自行证明其生存状况，不再提供前款规定的生存证明。

第八条 依法参加社会保险的外国人与用人单位或者境内工作单位因社会保险发生争议的，可以依法申请调解、仲裁，提起诉讼。用人单位或者境内工作单位侵害其社会保险权益的，外国人也可以要求社会保险行政部门或者社会保险费征收机构依法处理。

第九条 具有与中国签订社会保险双边或者多边协议国家国籍的人员在中国境内就业的，其参加社会保险的办法按照协议规定办理。

第十条 社会保险经办机构应当根据《外国人社会保障号码编制规则》，为外国人建立社会保障号码，并发放中华人民共和国社会保障卡。

第十一条 社会保险行政部门应当按照社会保险法的规定，对外国人参加社会保险的情况进行监督检查。用人单位或者境内工作单位未依法为招用的外国人办理社会保险登记或者未依法为其缴纳社会保险费的，按照社会保险法、《劳动保障监察条例》等法律、行政法规和有关规章的规定处理。

用人单位招用未依法办理就业证件或者持有《外国人永久居留证》的外国人的，按照《外国人在中国就业管理规定》处理。

第十二条 本办法自2011年10月15日起施行。

附件：外国人社会保障号码编制规则

附件

外国人社会保障号码编制规则

外国人参加中国社会保险，其社会保障号码由外国人所在国家或地区代码、有效证件号码组成。外国人有效证件为护照或《外国人永久居留证》。所在国家或地区代码和有效证件号码之间预留一位。其表现形式为：

×××	×	×××××××××××××××
（国家或地区代码）	（预留位）	（有效证件号码）

1. 外国人所在国家或地区代码按“ISO 3166-1-2006”国家及其地区的名称代码的第一部分国家代码规定的3位英文字母表示，如德国为DEU，丹麦为DNK。遇国际标准升级时，人力资源和社会保障部统一确定代码升级时间。

取得在中国永久居留资格的外国人所在国家或地区代码与其所持《外国人永久居留证》号码中第1～3位的国家或地区代码一致（也为三位）。

2. 预留位1位，默认情况为0，在特殊情况时，可填写数字为 1～9。

3. 编制使用外国人有效护照号码，应包含全部英文字母和阿拉伯数字，不包括其中的“.”“-”等特殊字符。编制使用《外国人永久居留证》号码，为该证件号码中第 4～15 位号码。

（1）以在我国某用人单位工作的持护照号 G01234-56 的德籍人员为例，其社会保障号码为：DEU0G0123456

国家或地区代码	预留位	有效护照号码
DEU	0	G0123456

（2）以在我国某用人单位工作的持《外国人永久居留证》号 DNK324578912056 的丹麦籍人员为例，其社会保障号码为：DNK0324578912056

国家或地区代码	预留位	《外国人永久居留证》号码
DNK	0	324578912056

4. 数据库对外国人社会保障号码预留 18 位长度（其中有效护照号码最多为 14 位）。编制号码不足 18 位的，不需要补足位数。

5. 外国人社会保障号码在中国唯一且终身不变。其证件号码发生改变时，以初次参保登记时的社会保障号码作为唯一标识，社会保险经办机构应对参保人员的证件类型、证件号码变更情况进行相应的记录。

卫生部　劳动和社会保障部关于印发《职业病目录》的通知

（2002 年 4 月 18 日　卫法监字［2002］108 号）

各省、自治区、直辖市卫生厅局、劳动和社会保障厅局，各计划单列市卫生局、劳动和社会保障局，新疆生产建设兵团卫生局，各集团公司、行业协会：

根据《中华人民共和国职业病防治法》第二条的规定，现将《职业病目录》印发给你们，请遵照执行。1987 年 11 月 5 日卫生部、劳动人事部、财政部和全国总工会联合颁布的《职业病范围和职业病患者处理办法的规定》中的职业病名单同时废止。

职业病目录

一、尘肺

1. 矽肺
2. 煤工尘肺
3. 石墨尘肺
4. 碳黑尘肺
5. 石棉肺
6. 滑石尘肺
7. 水泥尘肺
8. 云母尘肺
9. 陶工尘肺

10. 铝尘肺

11. 电焊工尘肺

12. 铸工尘肺

13. 根据《尘肺病诊断标准》和《尘肺病理诊断标准》可以诊断的其他尘肺

二、职业性放射性疾病

1. 外照射急性放射病

2. 外照射亚急性放射病

3. 外照射慢性放射病

4. 内照射放射病

5. 放射性皮肤疾病

6. 放射性肿瘤

7. 放射性骨损伤

8. 放射性甲状腺疾病

9. 放射性性腺疾病

10. 放射复合伤

11. 根据《职业性放射性疾病诊断标准（总则）》可以诊断的其他放射性损伤

三、职业中毒

1. 铅及其化合物中毒（不包括四乙基铅）

2. 汞及其化合物中毒

3. 锰及其化合物中毒

4. 镉及其化合物中毒

5. 铍病

6. 铊及其化合物中毒

7. 钡及其化合物中毒

8. 钒及其化合物中毒

9. 磷及其化合物中毒

10. 砷及其化合物中毒

11. 铀中毒
12. 砷化氢中毒
13. 氯气中毒
14. 二氧化硫中毒
15. 光气中毒
16. 氨中毒
17. 偏二甲基肼中毒
18. 氮氧化合物中毒
19. 一氧化碳中毒
20. 二硫化碳中毒
21. 硫化氢中毒
22. 磷化氢、磷化锌、磷化铝中毒
23. 工业性氟病
24. 氰及腈类化合物中毒
25. 四乙基铅中毒
26. 有机锡中毒
27. 羰基镍中毒
28. 苯中毒
29. 甲苯中毒
30. 二甲苯中毒
31. 正已烷中毒
32. 汽油中毒
33. 一甲胺中毒
34. 有机氟聚合物单体及其热裂解物中毒
35. 二氯乙烷中毒
36. 四氯化碳中毒
37. 氯乙烯中毒
38. 三氯乙烯中毒
39. 氯丙烯中毒

40. 氯丁二烯中毒

41. 苯的氨基及硝基化合物（不包括三硝基甲苯）中毒

42. 三硝基甲苯中毒

43. 甲醇中毒

44. 酚中毒

45. 五氯酚（钠）中毒

46. 甲醛中毒

47. 硫酸二甲酯中毒

48. 丙烯酰胺中毒

49. 二甲基甲酰胺中毒

50. 有机磷农药中毒

51. 氨基甲酸酯类农药中毒

52. 杀虫脒中毒

53. 溴甲烷中毒

54. 拟除虫菊酯类农药中毒

55. 根据《职业性中毒性肝病诊断标准》可以诊断的职业性中毒性肝病

56. 根据《职业性急性化学物中毒诊断标准（总则）》可以诊断的其他职业性急性中毒

四、物理因素所致职业病

1. 中暑

2. 减压病

3. 高原病

4. 航空病

5. 手臂振动病

五、生物因素所致职业病

1. 炭疽

2. 森林脑炎

3. 布氏杆菌病

六、职业性皮肤病

1. 接触性皮炎

2. 光敏性皮炎

3. 电光性皮炎

4. 黑变病

5. 痤疮

6. 溃疡

7. 化学性皮肤灼伤

8. 根据《职业性皮肤病诊断标准（总则）》可以诊断的其他职业性皮肤病

七、职业性眼病

1. 化学性眼部灼伤

2. 电光性眼炎

3. 职业性白内障（含放射性白内障、三硝基甲苯白内障）

八、职业性耳鼻喉口腔疾病

1. 噪声聋

2. 铬鼻病

3. 牙酸蚀病

九、职业性肿瘤

1. 石棉所致肺癌、间皮瘤

2. 联苯胺所致膀胱癌

3. 苯所致白血病

4. 氯甲醚所致肺癌

5. 砷所致肺癌、皮肤癌

6. 氯乙烯所致肝血管肉瘤

7. 焦炉工人肺癌

8. 铬酸盐制造业工人肺癌

十、其他职业病

1. 金属烟热

2. 职业性哮喘

3. 职业性变态反应性肺泡炎

4. 棉尘病

5. 煤矿井下工人滑囊炎

劳动和社会保障部　人事部　卫生部 中华全国总工会　中国企业联合会 关于劳动能力鉴定有关问题的通知

（2003 年 9 月 26 日　劳社部发［2003］25 号）

为了加强和规范劳动能力鉴定管理，做好《工伤保险条例》实施前劳动能力鉴定的准备工作，根据《工伤保险条例》和国务院有关文件的精神，通知如下：

一、劳动能力鉴定是工伤保险管理工作的基础，关系到工伤职工切身利益。各地要高度重视劳动能力鉴定工作，通过制定管理规范，建立管理队伍，改进管理方式，实现鉴定程序规范化、鉴定人员专业化、鉴定依据标准化。

二、各省、自治区、直辖市和设区的市级劳动保障行政部门要抓紧与人事行政部门、卫生行政部门、工会组织、经办机构以及用人单位代表协商，尽快建立和规范劳动能力鉴定委员会，并设立劳动能力鉴定委员会办事机构，由专人负责委员会的日常工作。

三、各地要制定劳动能力鉴定具体管理办法，完善鉴定工作管理规范，建立健全工作机制，以保证鉴定工作正常进行。

四、劳动能力鉴定委员会要按照《工伤保险条例》要求建立医疗卫生专家库。专家库的建立要保证一定的数量和专业类别，满足劳动能力鉴定的专业要求和技术要求。劳动能力鉴定委员会作出鉴定结论要充分尊重专家组的鉴定意见，切实保证鉴定结论的客观、公正、准确。

五、劳动能力鉴定应按照国务院劳动保障行政部门会同国务院卫生行政部门等部门制定的劳动能力鉴定标准执行。在该标准颁布前，暂按照《职工工伤与职业病致残程度鉴定》（GB/T 16180—1996）执行。

劳动和社会保障部　财政部　卫生部 国家安全生产监督管理局关于工伤保险费率问题的通知

（2003年10月29日　劳社部发［2003］29号）

为贯彻实施《工伤保险条例》，合理确定工伤保险费率，促进工伤预防，实现工伤保险费用社会共济，经国务院批准，现就工伤保险费率问题通知如下：

一、关于行业划分

根据不同行业的工伤风险程度，参照《国民经济行业分类》（GB/T 4754—2002），将行业划分为三个类别：一类为风险较小行业，二类为中等风险行业，三类为风险较大行业。三类行业分别实行三种不同的工伤保险缴费率。统筹地区社会保险经办机构要根据用人单位的工商登记和主要经营生产业务等情况，分别确定各用人单位的行业风险类别。行业风险分类见附件。

二、关于费率确定

各省、自治区、直辖市工伤保险费平均缴费率原则上要控制在职工工资总额的1.0%左右。在这一总体水平下，各统筹地区三类行业的基准费率要分别控制在用人单位职工工资总额的0.5%左右、1.0%左右、2.0%左右。各统筹地区劳动保障部门要会同财政、卫生、安全监管部门，按照以支定收、收支平衡的原则，根据工伤保险费使用、工伤发生率、职业病危害程度等情况提出分类行业基准费率的具体标准，报统筹地区人民政府批准后实施。基准费率的具体标准可定期调整。

三、关于费率浮动

用人单位属一类行业的，按行业基准费率缴费，不实行费率浮动。用人单位属二、三类行业的，费率实行浮动。用人单位的初次缴费费率，按行业基准费率确定，以后由统筹地区社会保险经办机构根据用人单位工伤保险费使用、工伤发生率、职业病危害程度等因素，一至三年浮动一次。在行业基准费率的基础上，可上下各浮动两档：上浮第一档到本行业基准费率的120%，上浮第二档到本行业基准费率的150%，下浮第一档到本行业基准费率的80%，下浮第二档到本行业基准费率的50%。费率浮动的具体办法由各统筹地区劳动保障行政部门会同财政、卫生、安全监管部门制定。

各地要认真做好工伤保险相关数据的测算，合理确定行业基准费率，科学制定费率浮动的具体办法。要加强对工伤保险运行情况的监测，定期分析工伤保险费率对工伤保险制度运行的影响，重大问题及时上报。我们将定期了解工伤保险基金收支等情况，及时提出调整行业差别费率及行业内费率档次的方案，报国务院批准后公布施行。

附件：工伤保险行业风险分类表

附件

工伤保险行业风险分类表

行业类别	行业名称
一	银行业，证券业，保险业，其他金融活动，居民服务业，其他服务业，租赁业，商务服务业，住宿业，餐饮业，批发业，零售业，仓储业，邮政业，电信和其他信息传输服务业，计算机服务业，软件业，卫生，社会保障业，社会福利业，新闻出版业，广播、电视、电影和音像业，文化艺术业，教育，研究与试验发展，专业技术服务业，科技交流和推广服务业，城市公共交通业

续表

行业类别	行业名称
二	房地产业，体育，娱乐业，水利管理业，环境管理业，公共设施管理业，农副食品加工业，食品制造业，饮料制造业，烟草制品业，纺织业，纺织服装、鞋、帽制造业，皮革、毛皮、羽毛（绒）及其制品业，林业，农业，畜牧业，渔业，农、林、牧、渔服务业，木材加工及木、竹、藤、棕、草制品业，家具制造业，造纸及纸制品业，印刷业和记录媒介的复制，文教体育用品制造业，化学纤维制造业，医药制造业，通用设备制造业，专用设备制造业，交通运输设备制造业，电气机械及器材制造业，仪器仪表及文化、办公用机械制造业，非金属矿物制品业，金属制品业，橡胶制品业，塑料制品业，通信设备、计算机及其他电子设备制造业，工艺品及其他制造业，废弃资源和废旧材料回收加工业，电力、热力的生产和供应业，燃气生产和供应业，水的生产和供应业，房屋和土木工程建筑业，建筑安装业，建筑装饰业，其他建筑业，地质勘查业，铁路运输业，道路运输业，水上运输业，航空运输业，管道运输业，装卸搬运和其他运输服务业
三	石油加工，炼焦及核燃料加工业，化学原料及化学制品制造业，黑色金属冶炼及压延加工业，有色金属冶炼及压延加工业，石油和天然气开采业，黑色金属矿采选业，有色金属矿采选业，非金属矿采选业，煤炭开采和洗选业，其他采矿业

劳动和社会保障部关于农民工参加工伤保险有关问题的通知

（2004年6月1日　劳社部发［2004］18号）

各省、自治区、直辖市劳动和社会保障厅（局）：

为了维护农民工的工伤保险权益，改善农民工的就业环境，根据《工伤保险条例》规定，从农民工的实际情况出发，现就农民工参加工伤保险、依法享受工伤保险待遇有关问题通知如下：

一、各级劳动保障部门要统一思想，提高认识，高度重视农民工工伤保险权益维护工作。要从践行“三个代表”重要思想的高度，坚持以人为本，做好农民工参加工伤保险、依法享受工伤保险待遇的有关工作，把这项工作作为全面贯彻落实《工伤保险条例》、为农民工办实事的重要内容。

二、农民工参加工伤保险、依法享受工伤保险待遇是《工伤保险条例》赋予包括农民工在内的各类用人单位职工的基本权益，各类用人单位招用的农民工均有享受工伤保险待遇的权利。各地要将农民工参加工伤保险，作为今年工伤保险扩面的重要工作，明确任务，抓好落实。凡是与用人单位建立劳动关系的农民工，用人单位必须及时为他们办理参加工伤保险的手续。对用人单位为农民工先行办理工伤保险的，各地经办机构应予办理。今年重点推进建筑、矿山等工伤风险较大、职业危害较重行业的农民工参加工伤保险。

三、用人单位注册地与生产经营地不在同一统筹地区的，原则上在注册地参加工伤保险。未在注册地参加工伤保险的，在生产经营地参加工伤保险。农民工受到事故伤害或患职业病后，在参保地进行工伤认定、劳动能力鉴定，并按参保地的规定依法享受工伤保险待遇。用人单位在注册地和生产经营地均未参加工伤保险的，农民工受到事故伤害或者患职业病后，在生产经营地进行工伤认定、劳动能力鉴定，并按生产经营地的规定依法由用人单位支付工伤保险待遇。

四、对跨省流动的农民工，即户籍不在参加工伤保险统筹地区（生产经营地）所在省（自治区、直辖市）的农民工，一至四级伤残长期待遇的支付，可试行一次性支付和长期支付两种方式，供农民工选择。在农民工选择一次性或长期支付方式时，支付其工伤保险待遇的社会保险经办机构应向其说明情况。一次性享受工伤保险长期待遇的，需由农民工本人提出，与用人单位解除或者终止劳动关系，与统筹地区社会保险经办机构签订协议，终止工伤保险关系。一至四级伤残农民工一次性享受工伤保险长期待遇的具体办法和标准由省（自治区、直辖市）劳动保障行政部门制定，报省（自治区、直辖市）人民政府批准。

五、各级劳动保障部门要加大对农民工参加工伤保险的宣传和督促检查力度，积极为农民工提供咨询服务，促进农民工参加工伤保险。同时要认真做好工伤认定、劳动能力鉴定工作，对侵害农民工工伤保险权益的行为要严肃查处，切实保障农民工的合法权益。

劳动和社会保障部　人事部　民政部财政部关于事业单位、民间非营利组织工作人员工伤有关问题的通知

（2005年12月29日　劳社部发［2005］36号）

各省、自治区、直辖市劳动保障、人事、民政、财政厅（局）：

为保障事业单位、民间非营利组织因工作遭受事故伤害或者患职业病的工作人员依法享受工伤保险待遇，根据《工伤保险条例》规定，经国务院批准，现就有关问题通知如下：

一、事业单位、民间非营利组织工作人员因工作遭受事故伤害或者患职业病的，其工伤范围、工伤认定、劳动能力鉴定、待遇标准等按照《工伤保险条例》的有关规定执行。

二、不属于财政拨款支持范围或没有经常性财政拨款的事业单位、民间非营利组织，参加统筹地区的工伤保险。缴纳工伤保险费所需费用在社会保障缴费中列支。

三、依照或者参照国家公务员制度管理的事业单位、社会团体的工作人员，执行国家机关工作人员的工伤政策。

四、第二条、第三条规定范围以外的事业单位、民间非营利组织，可参加统筹地区的工伤保险，也可按照国家机关工作人员的有关工伤政策执行。具体办法由省级人民政府根据当地经济社会发展和事业单位、民间非营利组织的具体情况确定。

五、本通知自下发之日起施行。参加工伤保险的事业单位、民间非营利组织，其工作人员在本通知下发前已发生工伤的，其原享受的工伤待遇不变。

六、本通知所称民间非营利组织是指社会团体、基金会和民办非企业单位。

事业单位、民间非营利组织的工伤保险，关系广大职工的切身利益，涉及面广。劳动保障、人事、民政、财政等有关部门要认真履行各自的职责。各地区、各部门要密切配合，加强对事业单位、民间非营利组织工伤保险运行情况的监督和管理，确保事业单位、民间非营利组织工伤保险工作的正常开展，维护职工的合法权益，促进社会稳定和发展。重大问题请及时报告。

防暑降温措施管理办法

（2012 年 6 月 29 日　安监总安健［2012］89 号）

第一条　为了加强高温作业、高温天气作业劳动保护工作，维护劳动者健康及其相关权益，根据《中华人民共和国职业病防治法》《中华人民共和国安全生产法》《中华人民共和国劳动法》《中华人民共和国工会法》等有关法律、行政法规的规定，制定本办法。

第二条　本办法适用于存在高温作业及在高温天气期间安排劳动者作业的企业、事业单位和个体经济组织等用人单位。

第三条　高温作业是指有高气温、或有强烈的热辐射、或伴有高气湿（相对湿度≥80％RH）相结合的异常作业条件、湿球黑球温度指数（WBGT 指数）超过规定限值的作业。

高温天气是指地市级以上气象主管部门所属气象台站向公众发布的日最高气温 35℃以上的天气。

高温天气作业是指用人单位在高温天气期间安排劳动者在高温自然气象环境下进行的作业。

工作场所高温作业 WBGT 指数测量依照《工作场所物理因素测量第 7 部分：高温》（GBZ/T 189.7）执行；高温作业职业接触限值依照《工作场所有害因素职业接触限值第 2 部分：物理因素》（GBZ 2.2）执行；高温作业分级依照《工作场所职业病危害作业分级第 3 部分：高温》（GBZ/T 229.3）执行。

第四条　国务院安全生产监督管理部门、卫生行政部门、人力资源社会保障行政部门依照相关法律、行政法规和国务院确定的职责，负责全国高温作业、高温天气作业劳动保护的监督管理工作。

县级以上地方人民政府安全生产监督管理部门、卫生行政部门、人力资源社会保障行政部门依据法律、行政法规和各自职责，负责本行政区域内高温作业、高温天气作业劳动保护的监督管理工作。

第五条 用人单位应当建立、健全防暑降温工作制度，采取有效措施，加强高温作业、高温天气作业劳动保护工作，确保劳动者身体健康和生命安全。

用人单位的主要负责人对本单位的防暑降温工作全面负责。

第六条 用人单位应当根据国家有关规定，合理布局生产现场，改进生产工艺和操作流程，采用良好的隔热、通风、降温措施，保证工作场所符合国家职业卫生标准要求。

第七条 用人单位应当落实以下高温作业劳动保护措施：

（一）优先采用有利于控制高温的新技术、新工艺、新材料、新设备，从源头上降低或者消除高温危害。对于生产过程中不能完全消除的高温危害，应当采取综合控制措施，使其符合国家职业卫生标准要求。

（二）存在高温职业病危害的建设项目，应当保证其设计符合国家职业卫生相关标准和卫生要求，高温防护设施应当与主体工程同时设计，同时施工，同时投入生产和使用。

（三）存在高温职业病危害的用人单位，应当实施由专人负责的高温日常监测，并按照有关规定进行职业病危害因素检测、评价。

（四）用人单位应当依照有关规定对从事接触高温危害作业劳动者组织上岗前、在岗期间和离岗时的职业健康检查，将检查结果存入职业健康监护档案并书面告知劳动者。职业健康检查费用由用人单位承担。

（五）用人单位不得安排怀孕女职工和未成年工从事《工作

场所职业病危害作业分级第3部分：高温》（GBZ/T 229.3）中第三级以上的高温工作场所作业。

第八条 在高温天气期间，用人单位应当按照下列规定，根据生产特点和具体条件，采取合理安排工作时间、轮换作业、适当增加高温工作环境下劳动者的休息时间和减轻劳动强度、减少高温时段室外作业等措施：

（一）用人单位应当根据地市级以上气象主管部门所属气象台当日发布的预报气温，调整作业时间，但因人身财产安全和公众利益需要紧急处理的除外：

1. 日最高气温达到40℃以上，应当停止当日室外露天作业；

2. 日最高气温达到37℃以上、40℃以下时，用人单位全天安排劳动者室外露天作业时间累计不得超过6小时，连续作业时间不得超过国家规定，且在气温最高时段3小时内不得安排室外露天作业；

3. 日最高气温达到35℃以上、37℃以下时，用人单位应当采取换班轮休等方式，缩短劳动者连续作业时间，并且不得安排室外露天作业劳动者加班。

（二）在高温天气来临之前，用人单位应当对高温天气作业的劳动者进行健康检查，对患有心、肺、脑血管性疾病、肺结核、中枢神经系统疾病及其他身体状况不适合高温作业环境的劳动者，应当调整作业岗位。职业健康检查费用由用人单位承担。

（三）用人单位不得安排怀孕女职工和未成年工在35℃以上的高温天气期间从事室外露天作业及温度在33℃以上的工作场所作业。

（四）因高温天气停止工作、缩短工作时间的，用人单位不得扣除或降低劳动者工资。

第九条 用人单位应当向劳动者提供符合要求的个人防护用品，并督促和指导劳动者正确使用。

第十条 用人单位应当对劳动者进行上岗前职业卫生培训和

在岗期间的定期职业卫生培训，普及高温防护、中暑急救等职业卫生知识。

第十一条 用人单位应当为高温作业、高温天气作业的劳动者供给足够的、符合卫生标准的防暑降温饮料及必需的药品。

不得以发放钱物替代提供防暑降温饮料。防暑降温饮料不得充抵高温津贴。

第十二条 用人单位应当在高温工作环境设立休息场所。休息场所应当设有座椅，保持通风良好或者配有空调等防暑降温设施。

第十三条 用人单位应当制定高温中暑应急预案，定期进行应急救援的演习，并根据从事高温作业和高温天气作业的劳动者数量及作业条件等情况，配备应急救援人员和足量的急救药品。

第十四条 劳动者出现中暑症状时，用人单位应当立即采取救助措施，使其迅速脱离高温环境，到通风阴凉处休息，供给防暑降温饮料，并采取必要的对症处理措施；病情严重者，用人单位应当及时送医疗卫生机构治疗。

第十五条 劳动者应当服从用人单位合理调整高温天气作息时间或者对有关工作地点、工作岗位的调整安排。

第十六条 工会组织代表劳动者就高温作业和高温天气劳动保护事项与用人单位进行平等协商，签订集体合同或者高温作业和高温天气劳动保护专项集体合同。

第十七条 劳动者从事高温作业的，依法享受岗位津贴。

用人单位安排劳动者在35℃以上高温天气从事室外露天作业以及不能采取有效措施将工作场所温度降低到33℃以下的，应当向劳动者发放高温津贴，并纳入工资总额。高温津贴标准由省级人力资源社会保障行政部门会同有关部门制定，并根据社会经济发展状况适时调整。

第十八条 承担职业性中暑诊断的医疗卫生机构，应当经省级人民政府卫生行政部门批准。

第十九条 劳动者因高温作业或者高温天气作业引起中暑，经诊断为职业病的，享受工伤保险待遇。

第二十条 工会组织依法对用人单位的高温作业、高温天气劳动保护措施实行监督。发现违法行为，工会组织有权向用人单位提出，用人单位应当及时改正。用人单位拒不改正的，工会组织应当提请有关部门依法处理，并对处理结果进行监督。

第二十一条 用人单位违反职业病防治与安全生产法律、行政法规，危害劳动者身体健康的，由县级以上人民政府相关部门依据各自职责责令用人单位整改或者停止作业；情节严重的，按照国家有关法律法规追究用人单位及其负责人的相应责任；构成犯罪的，依法追究刑事责任。

用人单位违反国家劳动保障法律、行政法规有关工作时间、工资津贴规定，侵害劳动者劳动保障权益的，由县级以上人力资源社会保障行政部门依法责令改正。

第二十二条 各省级人民政府安全生产监督管理部门、卫生行政部门、人力资源社会保障行政部门和工会组织可以根据本办法，制定实施细则。

第二十三条 本办法由国家安全生产监督管理总局会同卫生部、人力资源和社会保障部、全国总工会负责解释。

第二十四条 本办法所称“以上”摄氏度（℃）含本数，“以下”摄氏度（℃）不含本数。

第二十五条 本办法自发布之日起施行。1960 年 7 月 1 日卫生部、劳动部、全国总工会联合公布的《防暑降温措施暂行办法》同时废止。

人力资源社会保障部关于印发《工伤康复服务项目（试行）》和《工伤康复服务规范（试行）》（修订版）的通知

（2013 年 4 月 22 日　人社部发［2013］30 号）

各省、自治区、直辖市及新疆生产建设兵团人力资源社会保障厅（局）：

为进一步规范和加强工伤康复管理工作，我部在总结 2008 年制定的《工伤康复服务项目（试行）》和《工伤康复诊疗规范（试行）》执行情况基础上，结合国家发改委、卫生部、国家中医药管理局颁布的《全国医疗服务价格项目规范（2012 年版）》（以下简称《价格项目规范》），组织修订了《工伤康复服务项目（试行）》（以下简称《服务项目》）和《工伤康复服务规范（试行）》（以下简称《服务规范》），现印发你们，并就有关问题通知如下：

一、《服务项目》和《服务规范》既是工伤康复试点机构开展工伤康复服务的业务指南和工作规程，也是工伤保险行政管理部门、社会保险经办机构和劳动能力鉴定机构进行工伤康复监督管理的重要依据。工伤保险行政管理部门和经办机构要密切配合，积极协调有关方面，特别是结合贯彻《国家发展改革委、卫生部、国家中医药管理局关于规范医疗服务价格管理及有关问题的通知》（发改价格［2012］1170 号），认真做好《服务项目》

和《服务规范》的实施工作。

二、《服务项目》和《服务规范》的使用范围仅限于在各地确定的工伤康复协议机构进行康复的工伤人员。工伤职工康复期间必须使用的中医治疗、康复类项目按本地《工伤保险诊疗项目目录》的规定执行。

三、各地在贯彻实施《服务项目》和《服务规范》中，应坚持实事求是的原则，根据当地康复技术发展水平对《服务项目》进行适当调整，调整幅度控制在《服务项目》总数10％范围内，并加强对康复服务项目使用合理性的管理，明确康复服务项目使用适应症、服务项目合理次数等要求。同时结合本地实际对《服务规范》进一步细化。各地对《服务项目》和《服务规范》的调整情况报我部备案。

四、《服务项目》中列入《价格项目规范》的康复项目，各地要严格执行发改价格〔2012〕1170号文件相关规定；未列入《价格项目规范》的康复项目，各地要按照有关规定，积极与当地价格主管部门协商，争取支持。未经批准或同意的医疗康复服务项目暂不开展。

五、各地要加强管理，制定切实可行的康复管理办法和评估办法，细化与康复机构签订的协议内容，探索工伤康复费用结算方式，确保基金支付合法、合理、安全。

六、各地在《服务项目》和《服务规范》试行过程中，对其中尚未涉及的伤残病种，要不断加强探索，继续开展深入研究，总结经验，摸索规律。我部将根据各地工伤康复工作实践情况适时予以补充完善。如有重大问题，请及时报告我部。

附件：1.《工伤康复服务项目（试行）》(2013年修订)

2.《工伤康复服务规范（试行）》(2013年修订)

附件 1

工伤康复服务项目（试行）（2013 年修订）

说　明

一、《工伤康复服务项目（试行）》（以下简称《服务项目》）按照康复医学和措施分类方法，分为医疗康复服务和职业社会康复服务两大类，共计 236 项（未计中医治疗类项目），基本涵盖了工伤康复服务所必需的各种功能评定和治疗训练项目。其中，医疗康复服务包括康复功能评定、康复治疗、康复护理和其他治疗四类，共 190 项；职业社会康复服务包括评估和训练两类，共 46 项。

二、项目来源有两类：一类来自《全国医疗服务价格项目规范（2012 年版）》（以下简称《价格项目规范》）中已有的康复医疗相关项目（在每个项目后附有标准编码）；另一类参考已开展工伤康复工作的省（市、区）及港台相关康复机构康复服务项目，根据工伤康复实际需要补充。

三、本《服务项目》每个项目包括项目编码、项目名称、计价单位、计价说明、项目内涵、除外内容、适用范围和标准编码，其中项目名称、计价单位、项目内涵和除外内容的表述按照《价格项目规范》相关要求编制。“计价说明”中“包括”后面所列的不同服务内容和技术方法，可以单独计费；“计价说明”中“含”表示在该项目中应当提供的服务内容，这些服务内容不得单独分解计费。

四、本《服务项目》用于指导各地在工伤康复工作中，明确服务项目内容，规范开展工伤康复服务。

五、随着康复技术的发展和工伤康复试点工作的深入，《服务项目》将及时调整修订和完善。

目　　录

一、医疗康复服务类

项目编码	项目名称	计价单位	计价说明	项目内涵	除外内容	适用范围	标准编码
11	（一）康复功能评定						
1101	1. 运动、感觉、心肺功能评定						
1101001	呼吸方式+呼吸肌功能的评定	次	含呼吸肌力量和耐力测定，分别测其最大吸气、呼气压、膈肌功能	测试前说明目的和要求并取得患者配合，装置呼吸肌功能检测仪，患者按要求完成呼吸动作，分析患者呼吸形式、呼吸肌目前的状况和肺功能的客观检查。人工报告		伴有呼吸异常、气促、胸痛和肺功能障碍的工伤职工	MADJE002
1101002	平衡试验	次		含平衡台试验、行感觉结构分析，分别在六种条件下行静态平衡功能检查，每个条件下做两次，观察各条件下足底压力中心的晃动面积及前后、左右的晃动长度和平衡得分，行感觉结构分析，分别观察视觉、本体觉以及前庭觉在平衡维持中的得分，计算 Romberg 商，行稳定极限范围试验，观察患者在保持不跌倒的情况下身体中心晃动的最大范围。行跌倒评估试验，在平板运动情况下让患者睁眼、闭眼，观察患者身体随平板运动时的增益、幅值及能量消耗情况，预估跌倒的几率。视动试验、旋转试验、甘油试验。不含平板试验		伴有平衡功能障碍的工伤职工	FFA04704

续表

项目编码	项目名称	计价单位	计价说明	项目内涵	除外内容	适用范围	标准编码
1101003	6 分钟步行测试	次	含步行中出现的血压、心率、血氧饱和度的变化情况，步行距离及步行中出现的不适症状等	评定前说明目的和要求并取得患者配合；患者按要求进行 6 分钟步行测试；如患者中途不适可终止步行；记录血氧饱和度（SpO_2）%、心率和气短指数，使用量尺量度并计算准确的步行距离及不适症状		伴有心肺功能障碍的工伤职工	MABXA001
1101004	10 米步行测试	次	含步行时间及步行中出现的不适症状等	评定前说明目的和要求并取得患者配合；患者按要求进行 10 米步行测试；如患者中途不适可终止步行；记录步行时间及不适症状。以评定患者的步行速度和运动功能		伴有步行障碍的工伤职工	
1101005	步态分析检查	次	含对步行速度、步长、步频、步态对称性、步行周期中各关节力学角度变化的评定	采用步态分析系统进行检查操作，在躯干、骨盆、髋、膝、踝及第 5 趾骨等关节处贴标志点，采集步态视频，图像后处理，对步行速度、站立相与摆动相比例百分比，步长、步态对称性，步行周期中各环节特征识别，步宽、下肢诸关节运动曲线及数据进行处理分析。图文报告		伴有步行功能障碍的工伤职工	MABXA002

续表

项目编码	项目名称	计价单位	计价说明	项目内涵	除外内容	适用范围	标准编码
1101006	步态动力学分析检查	次	含对步行作用力、地面反作用力、足底受力分布及重心转移的静态或者动态变化的评定	采用动力学步态分析系统，患者从铺设在地面的压力传感器上走过，通过该系统对行走中下肢（髋、膝、踝关节）受力情况进行地反力、关节力矩、人体代谢性能量与机械能转换与守恒等的诊断。人工报告		伴有步行功能障碍的工伤职工	MABXA003
1101007	心功能康复评定	次	包括活动平板试验及功率自行车试验	利用仪器监测生命体征，连接电极、面罩，留取静息心电图，患者在平板或踏车上按运动方案运动，根据心电图 S-T 段变化、心律失常以及耗氧量、分钟潮气量、呼吸商、代谢当量进行判断，评价运动心功能，指导患者进行有氧运动训练，制定运动处方		伴有心肺功能障碍的工伤职工	MADKA001
1101008	肺功能康复评定	次	含主观呼吸症状及肺功能客观检查	利用肺功能测定仪，监测生命体征，连接电极、面罩，留取静息心电图，患者在平板或踏车上按运动方案运动，根据心电图 S-T 段变化、心律失常以及耗氧量、分钟潮气量、呼吸商、代谢当量进行判断，评价运动肺功能，指导患者进行有氧运动训练，制定运动处方		伴有心肺功能障碍的工伤职工	MADJE001

续表

项目编码	项目名称	计价单位	计价说明	项目内涵	除外内容	适用范围	标准编码
1101009	菲戈迈耶评价（Fugl-Meyer 评价，FMA）	次	含运动控制、平衡、感觉、关节活动度及疼痛方面的检查	评定前说明目的和要求并取得患者配合；采用国际标准测试量表；按评分项目进行检查，并按标准给予评分；统计分数，得出结果		颅脑损伤偏瘫的工伤职工	
1101010	脊髓损伤 ASIA 评价	次	含关键肌、感觉关键点、损伤水平和程度的检查	评定前说明目的和要求并取得患者配合；采用国际标准测试量表；按评分项目进行检查，通过关键肌的肌力检查、感觉关键点的感觉检查及脊髓休克期状态的判断来确定脊髓损伤的水平和程度，并按标准给予评分；统计分数，得出结果		脊柱脊髓损伤的工伤职工	
1101011	肢体形态测量	次	含肢体外观、长度、肌围度检查	利用量尺对患者肢体的外观、长度、肌围度与肿胀的状况进行测量，并与对侧肢体进行比较，认真记录。人工报告		可能有肢体畸形、肌肉萎缩或肿胀的工伤职工	MAZW6005
1101012	布伦斯特伦评价(Brunnstrom 评价，BRSS)	次	含偏瘫侧上、下肢及手功能评价	评定前说明目的和要求并取得患者配合；采用国际评定标准；按评定项目进行偏瘫侧肢体上肢、手及下肢运动功能检查，并按标准评级		脑疾病和损伤的工伤职工	

续表

项目编码	项目名称	计价单位	计价说明	项目内涵	除外内容	适用范围	标准编码
1101013	肌张力评定	次	含肌紧张、腱反射检查	采用肌张力测定仪对患者进行检查，标准测试体位，将压力传感器垂直置于被测肌腹上，依次在休息位和最大等长收缩状态下各进行 5 次重复测量。取同名肌双侧比较。人工报告		中枢神经及周围神经系统损伤的工伤职工	MABX8001
1101014	等长肌力评价	次/单组肌肉	含相应角度的等长测试	采用等长肌力测试仪器对患者进行不同关节角度下等长肌力的测试。人工报告		可能有肌肉功能障碍的工伤职工	MABX8003
1101015	关节活动度检查	单关节	含关节的屈曲伸展、内收外展及旋转	利用徒手的方式，摆放不同体位，让患者被动或主动地进行关节活动，根据动作完成的状况与质量，利用量角器准确地摆放量角器的移动臂和固定臂，记录关节的活动度与患者的反应或状况。人工报告		有关节功能障碍的工伤职工	MABX7001
1101016	运动协调性检查	次/单肢	含对指、指鼻、跟膝胫试验、轮替试验等	采用计算机辅助的肢体三维运动检查设备，记录指鼻试验、指指试验、跟膝胫试验等的运动轨迹并进行定量分析。人工报告		中枢神经系统损伤的工伤职工	MACZY002
1101017	感觉障碍检查	次		使用定量感觉障碍测定仪，将温度觉探头或振动觉探头置于被测部位，测量受检者的温度觉、振动觉和痛觉。人工报告		存在或可疑存在感觉障碍的工伤职工	MAEBZ001

续表

项目编码	项目名称	计价单位	计价说明	项目内涵	除外内容	适用范围	标准编码
1101018	单丝皮肤感觉检查	次		采用单丝触觉测量计，即通过采用 20 种不同直径、不同压力的单丝垂直作用于皮肤，定量测定受检者的触觉。根据感觉减退时所用单丝水平，确定损伤部位、损伤水平、损伤性质以及神经损伤恢复程度。人工报告		存在或可疑存在感觉障碍的工伤职工	MAEYR001
1101019	疼痛综合评定	次	含疼痛部位、性质、程度、诱发因素	进行麦吉尔疼痛问卷评定、视觉模拟评分法评定、慢性疼痛状况分级等，对患者疼痛的部位、程度、性质、频率和对日常生活的影响等方面进行综合评定。人工报告		存在疼痛的工伤职工	MAZZY001
1101020	等速肌力测试	次/单关节	含不同角速度下的等速测试	采用等速运动肌力测试系统，依次标定被试体重、被测肢体重量，然后在仪器预先选定的速度（慢速、中速和快速）下进行被测肢体的等速运动测试。人工报告		可能有肌肉功能障碍的工伤职工	MABX8002
1101021	偏瘫肢体功能评定	次	含偏瘫侧上、下肢及手功能评价该项目不得与同类单项服务项目同时使用并收费	采用偏瘫肢体功能评定量表对偏瘫患者上肢、手指、下肢的联合反应、随意收缩、痉挛、屈伸肌联带运动、部分分离运动、分离运动、速度协调性、运动控制、平衡、感觉、关节活动度及疼痛等方面进行综合检查。人工报告		脑血管意外及颅脑损伤后肢体功能障碍的工伤职工	MABW6001

续表

项目编码	项目名称	计价单位	计价说明	项目内涵	除外内容	适用范围	标准编码
1101022	跌倒风险评估	次		采用姿势稳定测试系统对患者进行评估，要求患者站立在压力传感器不同硬度的垫上依次完成睁眼，闭眼，头部向前、后、左前、右前等检查动作。给予跌倒风险程度的分析报告。根据测试数据，甄别产生跌倒风险的原因。人工报告		存在跌倒风险的工伤职工	MACZY001
1102	2. 作业评定						
1102001	作业需求评定	次	含日常生活活动、生产性活动、娱乐休闲活动三方面康复需求的评定。使用标准量表，推荐加拿大作业表现量表（COPM）	通过对患者受伤前、现阶段及以后生活中每日主要活动的内容的了解，引导患者找出其最重要、最需要完成的活动并排序，并对重要性、现实表现及满意度打分，通过结果分析，指导作业治疗的方向。人工报告		有作业治疗需求的工伤职工	
1102002	日常生活能力评定	次	包括 Barthel 指数（BI）、改良 Barthel 指数（MBI）量表等	对患者的个人卫生、进食、更衣、排泄、入浴、器具使用、床上运动、移动、步行、交流以及自助具的使用进行评定。人工报告	功能独立程度评定	脑损伤、脊髓损伤、烧伤及骨关节损伤等可能存在日常生活活动障碍的工伤职工	FAD04701 FAD04702

续表

项目编码	项目名称	计价单位	计价说明	项目内涵	除外内容	适用范围	标准编码
1102003	手功能评定	次	包括徒手评定、仪器评定及标准量表评定（如普渡钉板试验、Jebsen手功能试验、明尼苏达操作试验等）	利用徒手、仪器或计算机上肢功能评价系统对患者进行手部功能的检查，其中有速度、协调性以及动作完成的准确性等量化指标，同时电脑记录相关数据。人工报告		手外伤、上肢骨关节损伤、脑损伤、脊髓损伤、烧伤等存在手功能障碍的工伤职工	MAHWR001
1102004	蒙特利尔认知评估（MoCA）	次		指用于额叶损伤患者认知障碍首诊检查。量表包含12个检查项目，分别测定执行功能、失认症、瞬时和延迟记忆、听觉注意、视觉注意、复述、语言流畅性、抽象分类、时间（或地点）定向、结构性失用等功能。人工报告		脑损伤可疑存在认知障碍的工伤职工	FAP04701
1102005	简明精神状况测验（MMSE）	次		用于认知缺损筛选。由精神科医师以一对一的方式对患者实施测验，共19大项30个小项，观测被试思维、行为、情绪，记录观测内容，分析测量数据，出具报告		脑损伤可疑存在认知障碍的工伤职工	FAP04703

续表

项目编码	项目名称	计价单位	计价说明	项目内涵	除外内容	适用范围	标准编码
1102006	成套认知测验	次	包括神经行为认知状态测试（NCSE）、洛文斯顿认知成套测验（LOTCA）等成套认知评定	采用标准成套认知测验量表，如洛文斯顿认知成套测验等，对患者的定向、记忆、注意、结构组织、思维、解决问题等方面进行综合测验。人工报告	记忆力、注意力、思维能力等专项评定	经认知功能筛查存在认知障碍的脑损伤工伤职工	FAP04708
1102007	记忆力评定	次	包括临床记忆测验、中国韦氏成人记忆测验、行为记忆成套测验（RBMT）等	采用标准记忆测验量表对患者进行记忆专项测验。人工报告		经筛查存在记忆障碍的脑损伤工伤职工	FAK04705 FAK04706 FAK04707
1102008	注意力评定	次	包括行为注意测验（TEA）、注意划消测验、注意成套测验、注意网络测验（ANT）等	采用标准注意评定量表，如 TEA 等，对注意障碍者进行专项注意评定。人工报告		经筛查存在注意障碍的脑损伤工伤职工	FAJ04704 FAJ04702 FAJ04705

续表

项目编码	项目名称	计价单位	计价说明	项目内涵	除外内容	适用范围	标准编码
1102009	失认症评定	次	含物品失认、颜色失认、面容失认、同时失认等内容评定	通过对患者进行物品辨认、面容辨认、图形辨认、颜色辨认等检查，判断患者是否存在物品失认、面容失认、同时失认以及颜色失认。人工报告		脑损伤后可能存在失认症的工伤职工	MAFAZ002
1102010	失用症评定	次	含结构性失用、运动性失用、运动意念性失用、意念性失用等的评定	通过对患者进行空间构成能力、动作模仿、工具运用、系列动作等检查，诊断患者是否存在结构性失用、运动性失用、运动意念性失用、意念性失用等。人工报告		脑损伤后可能存在失用症的工伤职工	MAFAZ003
1102011	失算症检查	次	含对数字序列、点计数、数字符号转换、计算符号、比较大小、心算、估算、书写运算式、笔算、数学常识等项目进行评定	采用失算症评定系统对患者进行数字序列、点计数、数字符号转换、计算符号、比较大小、心算、估算、书写运算式、笔算、数学常识等项目的检查。人工报告		脑损伤后可能存在失算症的工伤职工	MAFAZ004

续表

项目编码	项目名称	计价单位	计价说明	项目内涵	除外内容	适用范围	标准编码
1102012	生活质量评定	次	含生理、心理、人际关系、周围环境等方面	对患者进行主观生活质量（日常生活满意指数）和客观生活质量（功能性限制分布量表）的评定。人工报告		脑损伤、脊髓损伤、烧伤及骨关节损伤、手外伤等工伤职工	MAMZY002
1102013	家务能力评定	次	含备餐、清洁、整理房间、洗衣、家庭预算、购物等内容	对患者家务能力方面，包括备餐、清洁、整理房间、洗衣、家庭预算、购物等内容进行评定。人工报告		有家务活动需要且存在障碍的工伤职工	
1102014	瘢痕评定	次	包括温哥华瘢痕评定量表(VSS)等	使用瘢痕评定量表，如温哥华瘢痕评定量表（VSS）等，对烧伤或外伤后瘢痕的颜色、血流、硬度、厚度进行评定。人工报告		烧伤、创伤、手术等导致增生性瘢痕的工伤职工	
1102015	功能独立程度评定	次	包括功能综合评定量表（FCA）等	应用标准量表对患者的自理能力、行动能力、二便控制、转移、认知、社会功能等方面进行评定，评定独立生活能力及受损程度。人工报告		脊髓损伤、脑损伤、烧伤及骨关节损伤等可能存在独立生活障碍的工伤职工	

续表

项目编码	项目名称	计价单位	计价说明	项目内涵	除外内容	适用范围	标准编码
1102016	辅助器具使用评价	次	含辅助器具需求评定、适合度评定和使用评定	根据患者需要使用的辅助器具类别评定所用辅助器具是否符合患者功能需要，评价辅助器具的适合性并观察患者使用情况，为确定康复目标和康复治疗方案提供依据，给出具体建议并出具报告		有辅助器具使用需求或正在使用辅助器具的工伤职工	MAHZZ001
1102017	截肢评价	次	包括截肢患者早期评价、截肢患者中期评价和截肢患者末期评价	在截肢初、中和末期对工伤职工进行截肢评价，包括：残端皮肤条件，有无皮肤破溃、红肿，窦道形成，残端肌肉固定情况，有无锥形残端，有无肌肉固定，有无肌肉成形；残端骨骼处理情况：有无骨刺形成、有无行骨融合术、残端有无压痛；残端皮肤感觉情况：有无感觉减弱或消失、局部有无神经瘤形成、有无残肢痛、有无幻肢痛、残肢相邻关节的活动度、有无功能障碍、残肢周围肌肉力量大小的综合评价等，确定残端的综合康复治疗以及正式假肢的更换。末期评价，下肢假肢的步态评定：坐位站起、转移、闭目站立、双脚并拢站立、单腿站立、双足一前一后站立等动作，负重平衡评定、负重量的评定、假肢质量的评定：假肢的悬吊情况、接受腔的情况、与残端的匹配情况		截肢后的工伤职工	MAZW6002 MAZW6003 MAZW6004

续表

项目编码	项目名称	计价单位	计价说明	项目内涵	除外内容	适用范围	标准编码
1102018	轮椅肢位摆放评定	次	含轮椅类型、尺寸的评定、肢体摆位时的坐姿以及臀部和背部压力的测评	利用专业的轮椅系统矫正设备、数据收集设备、坐位和背部传感器、轮椅模拟器和组合式气垫以及电脑软件对轮椅基本功能进行规范的测评，含轮椅类型、尺寸的评定、肢体摆位时的坐姿以及臀部和背部压力的测评		脑损伤、脊髓损伤等需长期使用轮椅的工伤职工	MAHZZ002
1102019	综合能力评估	次	含肢体运动功能、认知功能、日常生活活动能力、生存质量、就业能力等综合定量评定 该项目不得与上述已包含的单项服务项目同时使用并收费	对肢体运动功能、认知功能、日常生活活动能力、生存质量、就业能力等做综合定量评定。人工报告		存在运动功能、认知功能、职业能力障碍的工伤职工	MAMZY001
1103	3. 言语—语言、摄食—吞咽评定						

续表

项目编码	项目名称	计价单位	计价说明	项目内涵	除外内容	适用范围	标准编码
1103001	失语症检查	次	含听、说、读、写各项语言功能的检查	使用失语症检查表对患者的听理解、复述、命名、描述、朗读、阅读、描写、抄写、听写、计算等方面在单词水平、短句水平、复杂句水平方面的残存能力进行检查、评分、分析。人工报告		存在失语障碍的工伤职工	MAGAZ008
1103002	吞咽功能障碍检查	次	含专业检查及分析报告	使用口颜面功能检查表、吞咽功能检查表、吞咽失用检查表对患者的口唇、舌、颊、颌、软腭、喉的运动及功能进行检查，对患者的吞咽动作和饮水过程有无呛咳、所需时间、饮水状况进行分级。人工报告		存在摄食一吞咽障碍的工伤职工	MAGGK001
1103003	100 单词听理解检查	次	含专业检查及分析报告	使用 100 单词听理解检查表对患者单词水平的听理解能力进行评估，并按评分标准给予评分，统计得分。人工报告		存在言语一语言功能障碍的工伤职工	MAGAZ011
1103004	100 单词命名检查	次	含专业检查及分析报告	使用 100 单词命名检查表对患者单词水平的命名能力进行评估，并按评分标准给予评分，统计得分。人工报告		存在言语一语言功能障碍的工伤职工	MAGAZ012

续表

项目编码	项目名称	计价单位	计价说明	项目内涵	除外内容	适用范围	标准编码
1103005	实用性语言交流能力检查(CADL)	次	含专业检查及分析报告	使用实用性语言交流能力检查表对患者日常交流能力进行评估，判断语言交流障碍的程度和建议采用的代偿方法。人工报告		存在实际语言交流能力障碍的工伤职工	MAGAZ010
1103006	代币检查(Token test)	次	含专业测验及分析报告	使用代币检查表对患者的听理解在单词水平、短句水平、复杂句水平方面的残存能力进行检查、评分、分析。人工报告		存在听理解障碍的脑损伤工伤职工	MAGAZ009
1103007	失语症筛查	次	含专业测验及分析报告	使用失语症筛查表对患者进行听理解、命名、复述、手语理解、手语表示等方面的测查。人工报告		存在失语症的工伤职工	MAGAZ002
1103008	言语失用检查	次	含专业测验及分析报告	使用言语失用表对患者进行口失用和言语失用的测查。人工报告		存在言语失用或口颜面失用的工伤职工	MAGAZ006
1103009	构音障碍检查	次	含单词、音节及句子水平的发音检查和构音器官运动检查等各项检查	使用构音功能检查表对患者的肺、喉、面部、口部肌肉、硬腭、腭咽机制、下颌等是否存在器官异常和运动障碍进行检查，使用构音检查表对患者的发音清晰度，以及各个言语水平及其异常的运动障碍进行系统评价，使用吹气法、鼻息镜检查法、呼吸流量计对患者的鼻漏气进行检查、评定。人工报告		存在构音功能障碍的工伤职工	MAGAZ005

续表

项目编码	项目名称	计价单位	计价说明	项目内涵	除外内容	适用范围	标准编码
1103010	鼻流量检查	次	含采用鼻流量检测仪给患者进行发声功能的检查及分析报告	使用鼻流量检查仪，在发音和言语状态下，检查患者异常鼻漏气的定量指标。人工报告		存在发声功能障碍的工伤职工	MAGGA001
1103011	语音频谱分析检查	次	含采用计算机语音分析仪进行发声功能的检查及分析报告	使用语音频谱分析仪，根据需要实时采集患者的语音，并对患者的语音进行提取分析，获得共振峰、语谱等参数，分析其发声时构音器官的运动特点。人工报告		存在发声功能障碍的工伤职工	MAGAZ014
1103012	喉发声检查	次	含采用喉发声检查仪进行嗓音功能的检查及分析报告	使用喉发声检查仪，对患者发声时的呼吸、音调、音量、音质进行检测，获得最长声时、基频、强度、基频微扰、振幅微扰等参数，分析其发声时声带闭合的情况、声带振动的规律性等。人工报告		存在嗓音障碍的工伤职工	MAGGM001
1103013	纤维喉镜检查	次	含使用内窥镜进行吞咽检查及分析报告	1%的卡因鼻腔、鼻咽、口腔、下咽黏膜表面麻醉，纤维喉镜经一侧鼻腔进入，检查鼻腔、鼻咽口咽腔、喉咽腔及下咽梨状窝、黏膜情况，是否有肿物、异物或其他情况。人工报告		存在摄食一吞咽功能障碍的工伤职工	FGM01602

续表

项目编码	项目名称	计价单位	计价说明	项目内涵	除外内容	适用范围	标准编码
1103014	上消化道X线造影（吞咽透视检查）	次	含使用对比剂对吞咽障碍患者进行上消化道造影检查及分析报告	选择适宜的患者，准备好口服对比剂，在取得患者配合并去除检查部位体表的金属物品后，让患者根据指令吞咽对比剂，在透视下多角度观察其口腔、咽喉、食道、胃、十二指肠的形态及蠕动，并根据需要点片，冲洗照片（胶片）。人工报告		存在吞咽障碍的工伤职工	EACPB001
1104	4. 心理评估						
1104001	焦虑评估量表测评	次	包括宗(Zung)氏焦虑自评量表、汉密尔顿焦虑量表、贝克焦虑量表、状态—特质焦虑问卷等	用于焦虑症状的评定。由心理师采用特定量表进行评定，并出具报告		存在焦虑情绪的工伤职工	FAL04701 FAL04702
1104002	抑郁评估量表测评	次	包括宗(Zung)氏抑郁自评量表、汉密尔顿抑郁量表、贝克抑郁量表等	用于抑郁症状的评定。由心理师采用特定量表进行评定，并出具报告		存在抑郁情绪的工伤职工	FAL04703 FAL04706 FAL04705

续表

项目编码	项目名称	计价单位	计价说明	项目内涵	除外内容	适用范围	标准编码
1104003	长谷川痴呆测验（HDS-R）	次	含专业评定量表	用于痴呆的筛选。由心理师（或精神科医师）以一对一的方式对患者实施测验，共 24 个小项、9 大项，观测被试思维、行为、情绪，记录观测内容，需要系统地询问，精神科医师分析测量数据，出具报告		存在智力受损的工伤职工	FAC04701
1104004	强迫症状问卷(YALE-BROWN)测评	次	含专业评定及电脑分析报告	用于强迫症状的量化检查。该量表是一个他评的强迫症量表，由精神科医师或心理师根据病人的情况作出相应的评定，用来反映强迫症状的严重程度，分为反映强迫观念和强迫行为各 5 项，每项按 5 级评分法，观测被试行为、情绪，记录观测内容，分析测量数据		存在强迫症状的工伤职工	FAY04707
1104005	症状自评量表(SCL-90）测评	次	含专业评定及电脑分析报告	适用于神经症、适应障碍、其他轻性精神障碍患者自我评定，在心理测查室的心理师指导、看护下，由被试者完成人机对话式测查，观测被试者的行为、情绪，记录观测内容，指导答题，分析测量数据，出具报告		存在神经症、适应障碍及其他轻性精神障碍的工伤职工	FAX04713

续表

项目编码	项目名称	计价单位	计价说明	项目内涵	除外内容	适用范围	标准编码
1104006	中国韦氏成人智力测验	次	含专业评定及电脑分析报告	运用最新修订版本的中国韦氏成人智力量表进行智力检查。由心理师以一对一的方式对患者实施测验，含言语量表和操作量表两部分，共10余个分测验，根据被试年龄、受教育年限和职业标化后评分，由心理师或精神科医师分析测量数据并出具报告		存在智力受损的工伤职工	FAC04712
1104007	瑞文智力测验	次	包括联合型瑞文测验、瑞文推理测验等，含专业评定及电脑分析报告	用于评定言语障碍患者的智力水平。在心理测查室的心理师看护下，完成人机对话式智力测查。共72项或60项，分析结果并出具报告		有言语障碍的工伤职工	FAC04708 FAC04711
1104008	成人智残评定量表测评	次	含专业评定及电脑分析报告	用于评定被试者的社会适应能力，分7个项目判定。由精神科医师对被试进行检查并询问知情人，将测试结果输入计算机并出具报告		智力低下或可疑智力低下的工伤职工	FAD04705
1104009	明尼苏达多相个性测验	次	含专业评定及电脑分析报告	用于人格检查，在心理师指导、看护下，由被试完成人机对话式测查。共566个题目，这些题目组成14个量表（10个临床量表和4个效度量表），采取两级评定，观测被试心理活动，由心理师或精神科医师分析测量数据并出具报告		无明显认知障碍的工伤职工	FAE04714

续表

项目编码	项目名称	计价单位	计价说明	项目内涵	除外内容	适用范围	标准编码
1104010	人格诊断问卷测评（PDQ—4+）	次	含专业评定及电脑分析报告	用于评估被试者的人格障碍，多用于精神病临床或心理咨询门诊。在心理测查室的心理师看护下，完成人机对话式测查（107 项），由心理师或精神科医师分析并出具报告		存在人格障碍的工伤职工	FAE04708
1104011	艾森克个性测验	次	含专业评定及电脑分析报告	用于人格检查。在心理测查室的心理师指导、看护下，由被试完成人机对话式测查。共 88 个项目，含 4 个分量表，采取 2 级评分，由心理师或精神科医师分析测量数据并出具报告		无明显认知障碍的工伤职工	FAE04710
1104012	五态性格问卷测评	次	含专业评定及电脑分析报告	可用于评定被试者的性格特征。在心理测查室的心理师看护下，完成人机对话式测查（103 项），由心理师或精神科医师分析并出具报告		无明显认知障碍的工伤职工	FAE04709
1104013	卡特尔 16 项人格测验	次	含专业评定及电脑分析报告	用于人格检查。在心理测查室的心理师指导、看护下，由被试完成人机对话式测查。共 187 个项目，采取 3 级评分，由心理师或精神科医师分析测量数据		无明显认知障碍的工伤职工	FAE04713
1104014	A 型性格问卷（TABP）测评	次	含专业评定及电脑分析报告	用于评定被试者的行为模式。在心理测查室的心理师指导下，完成人机对话式测查（60 项），计算机出报告		可疑 A 型性格的工伤职工	FAT04703

续表

项目编码	项目名称	计价单位	计价说明	项目内涵	除外内容	适用范围	标准编码
1104015	睡眠质量评估量表检查	次	包括匹茨堡睡眠质量指数量表、阿森斯失眠量表，含专业评定及电脑分析报告	由心理师或精神科医师采用特定量表进行评定，并出具报告		有睡眠障碍或存在睡眠障碍的工伤职工	FAG04701 FAG04702
1104016	防御机制问卷(DSQ)测评	次	含专业评定及电脑分析报告	用于心理防御机制方式的调查，在心理测查室的心理师指导、看护下，由被试完成人机对话式测查，共88项，9级评分选择答题，观测被试行为、情绪，记录观测内容，指导答题，分析测量数据，出具报告		无明显认知障碍的工伤职工	FAH04705
1104017	生活事件评定量表(LES)测评	次	含专业评定及电脑分析报告	用于应激事件强度的评定。在心理测查室的心理师指导、看护下，由被试完成人机对话式测查，本量表共48个项目，观测被试行为、情绪，记录观测内容，指导答题，分析测量数据，并出具报告		无明显认知障碍的工伤职工	FAH04704
1105	5. 其他评定						

续表

项目编码	项目名称	计价单位	计价说明	项目内涵	除外内容	适用范围	标准编码
1105001	足底压力检查	次		采用足底压力测试系统。让受试者静止站立在压力传感器平台上，检查者通过观察其足底压力分布状况、双侧比较，作出人工报告。可指导医用矫形鞋垫的设计和疗效评估		伴足底压力异常的工伤职工	MAZXU001
1105002	坐位压力检查	次		采用压力测试系统。将压力测试板放置在受试者的轮椅上，检查者通过观察其座位压力分布状况，作出人工报告。可指导防褥疮坐垫的选择、个性化设计及疗效评估		需长期使用轮椅的工伤职工	
1105003	康复综合评定	次		以康复评价会的形式进行。患者的主管医生、护士、物理治疗师、作业治疗师、言语语言治疗师、心理治疗师、假肢矫形师等专业人员针对患者的功能障碍、家庭状况、社会环境等资料分析讨论，制订近期、远期康复目标和训练计划，及时作出康复方案的调整，在患者出院前，判定康复治疗的效果，制订相应的出院计划，为回归家庭、社会提供必要的帮助。分初、中、末期康复综合评定		住院接受康复服务的工伤职工	MAMZY003

续表

项目编码	项目名称	计价单位	计价说明	项目内涵	除外内容	适用范围	标准编码
1105004	表面肌电图检查	次		采用表面肌电图仪采集患者在某一种特定运动中各组肌群收缩的起止时间、收缩的强度以及不同肌群收缩的顺序情况和频谱分析特点，进行数据处理与分析，判断肌肉运动正常与否以及异常发生的原因。人工报告		神经肌肉功能障碍的工伤职工	MAAX8001
12	（二）康复治疗						
1201	1. 物理治疗Ⅰ（运动治疗）						
1201001	关节运动训练	30分钟/次	含智能控制下的主动、主被动训练	连接电源，设定并启动关节主动—被动运动动态数据系统。向病人说明训练注意事项。根据患者关节及肢体主被动运动能力选择训练的模式，按操作规程完成训练。记录结果		伴肢体运动控制障碍的工伤职工	
1201002	减重支持系统训练	20～40分钟/次	含系统支持下的减重下转移、平衡及步行训练	利用减重支持仪，穿戴悬吊背心，根据其残存的运动功能状况调整气压，并固定气压阀，拉紧悬吊拉扣后，徒手对患者进行被动的、辅助主动的、主动的减重步行训练、平衡功能训练、下肢协调性训练及转移训练		步行障碍、步态异常的工伤职工	MBBZX009

续表

项目编码	项目名称	计价单位	计价说明	项目内涵	除外内容	适用范围	标准编码
1201003	下肢机器人康复训练	50分钟/次	含训练前后的肢体参数测量及系统准备	训练前说明目的和要求并取得患者配合；穿戴好减重吊带；安装调试机器臂；悬吊起重，记录患者体重；启动步行器及机器臂，调节悬吊机，同时进行情景模拟，步态反馈；根据患者下肢运动控制能力选择训练的具体参数；训练后关闭步行及减重设施，患者安全转移至轮椅		有负重行走愿望及潜能的偏瘫、截瘫工伤职工	
1201004	电动起立床训练	30分钟/次	含循序渐进的多角度站立训练	训练前说明目的和要求并取得患者配合；通过固定带将患者固定在站立床上；根据病情循序渐进地选择相应的角度；利用电动控制按钮升起起立床并观察其反应；根据反应维持或增减站立角度		自主站立困难、血管舒缩障碍或双下肢需站立负重的工伤职工	MBBZX010
1201005	肢体平衡功能训练	次	含坐位、立位下的平衡训练	指小脑性疾病、前庭功能障碍及肢体功能障碍的平衡训练。利用坐位、爬行位、单膝跪位、双膝跪位、单足立位、双足立位，对患者进行徒手的静态平衡训练、动态平衡训练、保护性姿势反应的动作训练、功能性平衡能力训练		伴有平衡功能障碍的工伤职工	MBBZX013

续表

项目编码	项目名称	计价单位	计价说明	项目内涵	除外内容	适用范围	标准编码
1201006	关节松动训练	每个关节	包括小关节(指关节)、大关节	利用不同手法力度，徒手对患者腕、掌指、指间、踝及足部的关节进行不同方向的被动手法操作训练、扩大关节活动范围训练、缓解疼痛训练。利用不同手法力度，徒手对患者肩、肘、髋及膝关节进行不同方向的被动手法操作训练、扩大关节活动范围训练、缓解疼痛训练		伴有关节活动受限及疼痛的工伤职工	MBBX7002 MBBX7003
1201007	有氧训练	次	包括应用功率自行车（上、下肢）、跑步机等训练	根据患者具体情况，采用可调速度、可调坡度的康复训练跑台对患者进行康复训练。根据患者具体情况，采用可调速度、可调功率的功率车对患者进行康复训练、训练中心率、血氧饱和度、血压及疲劳程度等进行监测		伴有心肺储备能力下降的工伤职工	MBBZX011 MBBZX012
1201008	等速肌力训练	次	含不同角速度的等速肌力训练	采用等速肌力训练仪，选择不同训练肌群，选择不同的训练配件，将患者固定，选择训练速度、训练模式，设定训练量，包括训练的次数、组数，组间休息时间等		伴有肌肉功能障碍的工伤职工	MBBZX002
1201009	徒手肌力训练	30分钟/次	含向心、离心等训练	训练前说明目的和要求并取得患者配合；让患者处于标准体位；选择适当训练处方（次数、间歇时间、组数等）；患者按要求完成动作		伴有肌肉功能障碍的工伤职工	

续表

项目编码	项目名称	计价单位	计价说明	项目内涵	除外内容	适用范围	标准编码
1201010	牵伸技术	次/单组肌肉	四肢及躯干各肌群	治疗前说明目的和要求并取得患者配合；检查牵伸前的关节受限程度或肌张力大小；选择合适的方案（牵伸手法、持续时间 5～10 秒钟、次数 3～5 次及频率等）；检查牵伸后的关节受限程度或肌张力大小		伴有关节活动受限、肌痉挛的工伤职工	
1201011	神经促进技术	25～30 分钟/次	包括选择性应用 Brunnstrom、Bobath、PNF 等神经发育疗法及 MRP 疗法	治疗前说明目的和要求并取得患者配合；检查促通技术训练前完成某功能活动的情况；操作者利用特殊的运动模式、反射活动、本体和皮肤刺激进行训练；检查促通技术训练后的完成某功能活动的情况		中枢神经系统损伤的工伤职工	MBBZX005 MBBZX006 MBBZX007 MBBZX008
1201012	呼吸训练	次	含呼吸体操	徒手为患者胸部及其周围部位的肌肉进行被动的、辅助主动的、主动的放松训练、腹式呼吸训练、呼吸肌训练、缩唇式呼吸训练、咳嗽训练、体位引流、特殊手法操作训练及器械训练		伴有呼吸功能障碍的工伤职工	MBBVG001

续表

项目编码	项目名称	计价单位	计价说明	项目内涵	除外内容	适用范围	标准编码
1201013	悬吊治疗	次	包括颈部、胸段、腰段含网架下的减重训练、抗阻训练、平衡训练等	指使用滑道、悬吊配件、锁定装置，将病人的相应肢体或整个身体处于悬吊状态进行的治疗。一手抓住悬吊带，另一手抓住悬吊绳，向开放槽一侧慢慢拉动悬吊绳，直到悬吊带放松，把悬吊带调节到所需高度，将悬吊绳向闭锁一侧快速拉动，锁定悬吊绳，以此过程完成对悬吊带高度调节的操作。将患者相应肢体或整个身体固定在悬吊带中，调整所需高度，可以进行弱链测试、肌肉放松训练、关节活动度训练、牵引、关节稳定性训练、感觉运动的协调训练、肌肉势能训练等		伴有肌肉功能、关节活动、平衡能力等障碍的工伤职工	LEJZX001
1201014	站立＋步行能力综合训练	次	含步行及步态纠正训练	利用各种站立与步行能力综合训练设备，为患者进行被动的、辅助主动的、主动的、抗阻的下肢负重训练、立位平衡训练、身体重心转移训练、步态矫正训练、步行的耐力训练、功能性步行训练及器械训练		伴有步行功能障碍的工伤职工	MBBXA002
1201015	持续性被动运动（CPM）	次/单关节	包括肩、肘、腕、髋、膝、踝关节等	利用持续性被动关节活动范围训练专用设备，对患者肩、肘、腕、髋、膝、踝关节，设定持续性被动关节活动范围训练的时间、阻力、速度和间歇时间等参数，在监测的状况下，进行被动关节活动范围的训练		伴有关节活动障碍的工伤职工	MBBZX003

续表

项目编码	项目名称	计价单位	计价说明	项目内涵	除外内容	适用范围	标准编码
1201016	仪器平衡训练	次	含坐位、立位动静态平衡训练	训练前说明目的和要求并取得患者配合；患者在测力板上处于合适的体位；患者按要求完成动作，并根据实时的图像、声音等反馈信息进行静态、单轴或多轴动态平衡或本体感觉训练		伴有平衡能力下降的工伤职工	
1201017	运动协调性训练	次	含不同体位下的协调训练	利用徒手的方式，进行手眼协调性训练，双侧上肢、双侧下肢、上肢与下肢、肢体与躯干间的运动协调性训练		伴有协调功能障碍的工伤职工	MBBZX014
1201018	床边徒手肢体运动训练	次	含相关关节的屈曲伸展、内收外展及旋转	利用徒手的方法，对患者进行早期或维持性的关节活动范围训练、提高肌力或肢体主动活动训练等		伴有运动功能障碍但无法离床治疗的工伤职工	MBBZX004
1201019	肌内效贴布治疗（Taping 治疗）	次	包括大小部位	治疗前说明目的和要求并取得患者配合；检查治疗前的疼痛及肌肉运动情况，选择合适的贴布方案；按照贴布技术的操作规范给予治疗；检查治疗后的疼痛及运动情况		伴有肌肉骨骼等运动损伤及疼痛的工伤职工	

续表

项目编码	项目名称	计价单位	计价说明	项目内涵	除外内容	适用范围	标准编码
1201020	机械辅助排痰治疗	次		评估患者病情、意识状态及呼吸系统情况等，核对患者信息，解释其重要性以取得配合，检查排痰机功能状态，取适当体位，根据病情设置排痰机的强度频率及时间，用机械辅助排痰仪，按解剖部位依次震动不同部位，观察患者反应、生命体征变化等，协助患者排痰，评价患者排痰效果及痰液性质，用物处理，记录，做好健康教育和心理护理		适用于脑损伤、脊髓损伤等疾病所引起的排痰困难的工伤职工	ABZA0001
1201021	脊柱关节松动训练	次		利用不同手法力度，徒手对患者颈椎、胸椎、腰椎、骶尾各关节进行不同方向的被动手法操作训练、扩大关节活动范围训练、缓解疼痛训练		脊柱关节活动障碍的工伤职工	MBBVF001
1201022	腰背肌器械训练	次		采用腰背肌训练器进行腰背肌训练，训练时根据腰背肌力量选择负荷量		伴有肌肉功能障碍的工伤职工	MBBVG002
1201023	平衡生物反馈训练	次		采用视听觉生物反馈训练仪对双下肢对称负重、重心转移、单腿负重、重心主动控制转移、稳定极限等技能进行训练		伴有平衡能力下降的工伤职工	MBBXA003
1201024	烧伤后关节功能训练	每关节		指除手部以外的肢体关节主被动活动。由医生通过按摩、推拿、牵拉的方法以及特殊仪器给予关节被动屈伸活动，以及在医生指导下患者采取主动屈伸活动		烧伤后关节活动障碍的工伤职工	MBBX7001

续表

项目编码	项目名称	计价单位	计价说明	项目内涵	除外内容	适用范围	标准编码
1201025	耐力训练	次		利用康复训练设备与仪器，辅助或指导患者在结合心肺功能训练的前提下，进行全身性的肌肉耐久性训练		伴有耐力下降的工伤职工	MBBZX019
1201026	截肢术后康复训练	次		指导四肢主要肌肉肌力训练、关节活动度的训练、站立平衡的训练、迈步的训练、假肢穿戴的训练、肌电手的开手和闭手训练、抛物训练、日常生活能力训练		截肢术后的工伤职工	MBBZX017
1202	2. 物理治疗Ⅱ（理疗）						
1202001	红外线治疗	每个照射区	包括远、近红外线：TDP、近红外线气功治疗、红外线真空拔罐治疗、红外线光浴治疗、远红外医疗舱治疗	指远近红外仪、特定电磁波（TOP）辐射器、频谱仪。仪器准备，核对医嘱，排除禁忌症，告知注意事项，摆位，暴露照射部位，评估皮肤，使用红外线辐射治疗仪局部照射治疗，调节适宜距离，计时。记录治疗单。必要时用治疗巾遮盖非照射部位		软组织炎症吸收期；软组织扭挫伤恢复期、肌纤维组织炎、关节炎、关节纤维性挛缩、术后伤口延迟愈合、慢性溃疡、压疮、烧伤、冻伤、肌痉挛、神经痛等	LEAYR001 LEAYR002 LEAYR003 LEAYC001

续表

项目编码	项目名称	计价单位	计价说明	项目内涵	除外内容	适用范围	标准编码
1202002	可见光治疗	每个照射区	包括红光照射、蓝光照射、蓝紫光照射、太阳灯照射	指仪器准备，核对医嘱，排除禁忌症，告知注意事项，摆位，暴露治疗部位，评估皮肤，使用白炽灯照射器照射治疗。调节适宜距离，计时，必要时用治疗巾遮盖，戴防护眼镜。治疗后，查皮肤，记录治疗单		软组织炎症浸润吸收期、术后伤口浸润、伤口愈合迟缓、慢性溃疡、软组织扭挫伤、抑郁症；神经痛、神经症等	LEAYR007
1202003	偏振光照射	每个照射区		仪器准备，核对医嘱，排除禁忌症，告知注意事项，摆位，暴露治疗部位，评估皮肤，使用红外偏振光治疗仪照射。调节适宜距离，选择恰当功率和模式，必要时用治疗巾遮盖，戴防护眼镜。治疗后，查皮肤，记录治疗单		多种疾病引起的疼痛、面神经炎、面肌痉挛、自主神经功能紊乱、失眠、高血压病、支气管哮喘、突发性耳聋、中耳炎、外耳道炎、颞颌关节功能紊乱等	LEAYR008

续表

项目编码	项目名称	计价单位	计价说明	项目内涵	除外内容	适用范围	标准编码
1202004	紫外线治疗	每个照射区	包括长、中、短波紫外线，低压紫外线、高压紫外线，水冷式、导子紫外线，生物剂量测定，光化学疗法	仪器准备，核对医嘱，评估皮肤，排除禁忌症，告知注意事项，使用黑光灯对应用光敏剂的患者进行局部照射。患者照射区外用光敏剂，30 分钟后治疗，暴露治疗部位，遮盖非照射区，佩戴防护眼镜，按测定剂量开始照射。治疗后，查皮肤，记录治疗单		局部照射适用于软组织急性化脓性炎症、伤口愈合迟缓、皮下淤血、急性关节炎、急性神经痛等；体腔照射适用于身体各腔急性感染、溃疡；全身照射适用于骨质疏松症等	LEAYR013 LEAYR014 LEAYR012 LEAYR009 LEAYR010 LEAYR011 LEAYC002
1202005	激光疗法	每个照射区	包括原光束、散焦激光疗法，半导体激光照射（500 毫瓦以上）	指使用激光器对应用光敏剂的患者进行照射治疗。仪器准备，药品准备，核对医嘱，评估皮肤，排除禁忌症，告知注意事项，静脉注射光敏剂，48～72 小时后进行激光照射，照射区暴露，摆位，佩戴防护眼镜，照射中，观察患者一般情况。治疗后，查皮肤，记录治疗单		软组织炎症吸收期、伤口愈合迟缓、慢性溃疡、窦道、烧伤、肌纤维组织炎、关节炎、神经痛等	LEAYR017 LEAYR016 LEAYR015

续表

项目编码	项目名称	计价单位	计价说明	项目内涵	除外内容	适用范围	标准编码
1202006	直流电治疗	每部位	包括单纯直流电治疗、直流电药物离子导入治疗、直流电水浴治疗（单、双、四槽浴）、电化学疗法	核对医嘱，排除禁忌症，选择合适的铅板和衬垫，将铅板套入已经消毒、温度湿度适宜的衬垫中，患者取舒适体位，暴露治疗部位，评估皮肤，固定电极，告知注意事项，使用直流电疗仪，逐渐增加输出电流至预计强度的 2/3，询问患者感觉，记录时间，治疗 3～5 分钟后根据患者感觉可调整电流强度。治疗后，查皮肤，告知注意事项，记录治疗单，衬垫清洗、消毒，晾干备用		神经系统疾病：周围神经损伤、自主神经功能紊乱、神经痛；循环系统疾病：高血压、血栓性静脉炎；骨关节疾病：关节炎等；多种慢性炎症性疾病；瘢痕、粘连等	LEBYR001 LEBYR002 LEBW6001 LEBEA001
1202007	低频脉冲电治疗	每部位	包括感应电治疗、神经肌肉电刺激治疗、间动电疗、经皮神经电刺激治疗、功能性电刺激治疗、温热电脉冲治疗、微机功能性电刺激治疗、痉挛肌电刺激治疗	选好治疗所需的电极板、衬垫；先打开机器电源开关，检查输出是否为零，再安放电极，调节输出剂量；治疗结束后，将输出调为零，取下治疗电极，关闭电源，检查皮肤		废用性肌萎缩、肌张力低下、尿潴留、癔症性瘫痪；外周神经损伤、关节疼痛和渗出导致的肌肉活动抑制；多种疾病引起的疼痛、骨折、中枢性瘫痪后感觉和运动功能障碍等	LEBZX006 LEBZX007 LEBZX008 LEBZX009 LEBZX011 LEBZX012 LEBZX013 LEBZX014 LEBZX015

续表

项目编码	项目名称	计价单位	计价说明	项目内涵	除外内容	适用范围	标准编码
1202008	中频脉冲电治疗	每部位	包括中频脉冲电治疗、音频电治疗、干扰电治疗、动态干扰电治疗、立体动态干扰电治疗、调制中频电治疗、电脑中频电治疗	仪器准备，核对医嘱，排除禁忌症，评估皮肤，告知患者注意事项，取舒适体位，暴露治疗部位，使用音频电治疗机或可产生频率为 1 000～100 000 赫兹等幅正弦电流的仪器，摆放并固定电极，调节电流至所需强度。治疗中，巡视患者。治疗后记录治疗单，衬垫清洗、消毒，晾干备用		挫伤、肌纤维组织炎、肌肉劳损、肱骨外上髁炎、关节纤维性挛缩、废用性肌萎缩等；瘢痕、粘连、血肿机化等；周围神经伤病，如坐骨神经痛等；溃疡病、迟缓性便秘、尿潴留、尿失禁、神经源性膀胱等	LEBZX016 LEBZX017 LEBZX018 LEBZX019 LEBZX020 LEBZX021 LEBZX022
1202009	共鸣火花治疗	每 5 分钟		仪器准备，核对医嘱，皮肤评估，排除禁忌症，告知注意事项，确定治疗部位，暴露部位，使用共鸣火花治疗仪，皮肤表面涂少量化石粉，操作者戴防护眼镜，选择治疗电极，将消毒后的电极涂润滑剂对准治疗部位往复体表移动，计时。治疗中，注意患者病情变化。治疗后，检查治疗部位状况，记录治疗单，电极清洗、消毒后置于消毒液内		1. 疼痛：头痛、股外侧皮神经炎、截肢后幻肢痛等；2. 神经症、癔症性失语、末梢神经炎等；3. 皮肤慢性溃疡、伤口愈合迟缓等	LEBZX024

续表

项目编码	项目名称	计价单位	计价说明	项目内涵	除外内容	适用范围	标准编码
1202010	超短波、短波治疗	每部位	包括小功率超短波和短波、大功率超短波和短波、脉冲超短波和短波、体腔治疗	仪器准备，核对医嘱，评估皮肤，排除禁忌症，在屏蔽房间进行，告知注意事项，确定治疗部位，暴露部位，使用大功率超短波治疗仪，选择并固定电极，调节仪器输出，达到治疗量并计时；治疗中，巡视患者；治疗后，检查治疗部位，记录治疗单		软组织炎症、肌痛、神经痛、血栓性静脉炎、胃肠功能低下、胃肠痉挛、软组织扭挫伤、伤口延迟愈合等	LEBZX030 LEBZX025 LEBZX026 LEBZX027 LEBZX028 LEBZX029 LEBZX031 LEBZX032 LEBZX033
1202011	微波治疗	每部位	包括分米波、厘米波、毫米波、微波组织凝固、体腔治疗	填写患者基本资料、摆位要求。采用浅部微波热疗仪治疗，热疗范围温度要求 40～45℃。仪器准备，核对医嘱，排除禁忌症，告知注意事项，在屏蔽房间进行，确定治疗部位，暴露部位，使用分米波治疗仪，选择并固定电极，调节仪器输出并计时；治疗中，巡视患者；治疗后，检查治疗部位，记录治疗单		肌炎、手术后浸润、滑膜炎、关节周围炎、骨关节炎、软组织扭挫伤、神经痛等	LDAZX001 LEBZX034 LEBZX035 LEBZX036 LEBZX037 LEBZX038 LEBZX039 LEBZX040

续表

项目编码	项目名称	计价单位	计价说明	项目内涵	除外内容	适用范围	标准编码
1202012	射频电疗	次	包括大功率短波、分米波、厘米波	填写患者基本资料、摆位要求。采用射频热疗仪治疗，温度测量，热疗范围温度要求 39.5～45℃		骨关节及软组织损伤、周围神经损伤后伴有软组织肿胀、疼痛、肌肉痉挛的工伤职工	LDBZX001 LDBZX002
1202013	静电治疗	每 20～30 分钟	包括低压、高压静电治疗，高电位治疗	仪器准备，核对医嘱，排除禁忌症，告知注意事项，在单独治疗室中进行，患者双足踏于带有绝缘底座的足踏电极上，使用高压静电治疗仪，另一电极置于头部上方，调节仪器输出并计时；治疗中，巡视患者；治疗后，记录治疗单		全身静电疗法，适用于神经症、失眠、自主神经功能紊乱等；局部静电疗法，适用于慢性溃疡、伤口延期愈合、烧伤等	LEBZX042 LEBZX041 LEBZX043 LEBZX044
1202014	空气负离子治疗	每 30 分钟		仪器准备，核对医嘱，排除禁忌症，告知注意事项，使用空气负离子治疗仪，在单独治疗室中进行，调节仪器输出并计时；治疗中，巡视患者；治疗后，记录治疗单		神经症、失眠、偏头痛、脑外伤后遗症等神经系统疾病与损伤	LEBZX045

续表

项目编码	项目名称	计价单位	计价说明	项目内涵	除外内容	适用范围	标准编码
1202015	超声波治疗	每5分钟	包括单纯超声、超声药物透入、超声雾化	仪器准备，核对医嘱，排除禁忌症，告知注意事项，取舒适体位，确定清洗治疗部位，确定治疗类型，使用超声波治疗仪，治疗者持超声声头治疗，调节仪器输出并计时；治疗中，巡视患者；治疗后，检查治疗部位，记录治疗单，清洗、消毒超声声头		软组织损伤、挫伤，瘢痕组织，肢体溃疡，骨折，脑血管意外后遗症，神经痛等	LECZX001 LECZX002 LDCZX001
1202016	生物反馈疗法	次	包括肌电、皮温、皮电、脑电、心率各种生物反馈	在单独治疗室进行，仪器准备，核对医嘱，排除禁忌症，告知注意事项，取舒适体位，使用肌电生物反馈治疗仪，选择采集信号部位，清洗，酒精脱脂，电极涂导电膏，固定在皮肤上，确定治疗类型，调节仪器输出，指导患者主观参与调节信号并计时；治疗中，巡视患者；治疗后，检查治疗部位，记录治疗单，清洗、消毒电极，晾干备用		脑损伤后偏瘫、癔症性瘫痪、脊髓损伤等	LEDZX003 LEDZX002 LEDZX001 LEDYR002 LEDYR001
1202017	磁疗	每20分钟	包括脉冲式、脉动式、交变式等不同机型	仪器准备，核对医嘱，排除禁忌症，告知注意事项，取舒适体位，使用低频交变磁场治疗机，选取合适磁极摆放，调节治疗参数并计时；治疗中，询问患者感觉；治疗后，移开磁极，记录治疗单		骨折、软组织挫伤、血肿、关节损伤和炎症等	LEEZX001 LEEZX002 LEEZX003 LEEZX004 LEEZX005

续表

项目编码	项目名称	计价单位	计价说明	项目内涵	除外内容	适用范围	标准编码
1202018	蜡疗	每部位	包括浸蜡、刷蜡、蜡敷	核对医嘱，排除禁忌症，告知注意事项，检查评估皮肤，熔化的石蜡并冷却到一定程度后保温待用，石蜡外敷于治疗部位，包裹后用棉垫、毛毯保温并计时；治疗中，观察患者情况；治疗后，检查皮肤。定期洗蜡并加新蜡。不含蜡袋法		软组织挫伤、肩关节周围炎、骨膜炎、肌肉劳损、骨折或骨关节术后关节挛缩、关节纤维性强直；外伤或术后瘢痕增生及粘连等	LEGYR001 LEGYR002 LEGYR003
1202019	泥疗	每部位	包括电泥疗、泥敷	仪器准备，核对医嘱，排除禁忌症，告知注意事项，制作或准备泥饼，检查评估治疗部位皮肤，使用直流电疗机或透热电疗机，将泥饼放置于皮肤表面后按医嘱选择连接电极，调节治疗参数并计时；治疗中，观察患者情况；治疗后，检查皮肤，记录治疗单		骨骼、肌肉系统和周围神经的亚急性、慢性炎症，周围神经损伤后遗症；挫伤、关节炎、腹腔粘连等	LEGYR004 LEGYR005 LEGZY001

续表

项目编码	项目名称	计价单位	计价说明	项目内涵	除外内容	适用范围	标准编码
1202020	牵引	次	包括颈、腰椎土法牵引，电动牵引，三维快速牵引	指使用三维牵引仪器对腰椎进行三维快速牵引治疗。根据患者身高、体重、性别、年龄、发病部位、病变状态等，确定其牵引距离、成角方向、成角度数、旋转方向、旋转度数等数据，并将其输入计算机。患者解除腰带，俯卧于牵引床上，暴露腰部，并固定好，检查无误时启动牵引床。医者之手置于病变椎间，嘱患者放松，不要屏气，不要对抗。脚踏开关，牵引床按照指令自动完成定距离快速牵引与定角度旋转同步动作，同时医生辅以手法顶推或按压，每次动作1～3下。三维快速牵引后嘱患者平卧3～6小时，可配用消炎利水药物。三天内限制活动，尤其不能弯腰和扭腰，此后配合手法等辅助治疗	同时进行电热敷治疗	椎间盘突出症、椎间盘变性，椎体小关节滑膜嵌顿、椎体关节功能紊乱，椎体侧弯、后凸畸形，关节僵硬、挛缩、粘连等	LEJVT003 LEJVT002 LEJVT001 LEJVH001 LEJVH002 LEJW8001
1202021	气压治疗	每部位	包括肢体气压治疗、肢体正负压治疗	指使用正压顺序循环治疗仪，促使组织经静脉、淋巴管回流以消除肢体局部水肿的治疗。将排空气体的袖（或腿）套套在患肢上，设定气袋压力，开机，从位于肢体末端的气袋开始逐一充气，四只气袋完全充气后，压力维持一段时间，再从肢体近端气袋开始依次排气，直至末端，此为一个作用周期。压力大小可根据患者的感觉和耐受情况随时调节		肢体创伤后水肿、淋巴回流障碍性水肿、截肢后残端水肿、复杂性区域性疼痛综合征、手术后的淋巴水肿、静脉淤滞性溃疡	LEJW6001 LEJW6002

续表

项目编码	项目名称	计价单位	计价说明	项目内涵	除外内容	适用范围	标准编码
1202022	冷疗	每部位		指使用特殊设计的转换器，除去空气中的水分和灰尘，用处理过的冷空气（温度－15℃以下）作用于治疗部位的冷疗方法。仪器准备，核对医嘱，排除禁忌症，评估治疗部位，告知注意事项，取舒适体位，暴露治疗部位，非治疗部位保暖，选择相应的冷空气喷嘴，相隔45厘米左右的距离向治疗部位进行喷射，持续数分钟至10分钟。治疗后，观察局部反应，记录治疗单		软组织急性扭挫伤早期，关节炎急性期，骨关节术后肿痛；神经痛、痉挛等	LEHZX001 LEHZX002 LEHZX003
1202023	电按摩	次	包括电动按摩、电热按摩、局部电按摩	指使用电动按摩床或按摩椅对人体全身进行治疗。仪器准备，核对医嘱，选定记录参数，评估皮肤，告知注意事项，取舒适体位，计时，观察，必要时用治疗巾遮盖，询问患者感觉。治疗后，查皮肤，记录治疗单		慢性疼痛、运动后疲劳等	LEJZX002 LEJZX003 LEJZY001 LEJZY002
1202024	冲击波治疗	每部位	包括散焦式或发散式（气压弹道冲击波）、聚焦式、联合式冲击波治疗，骨骼肌肉疼痛冲击波治疗	应用体外冲击波技术，在超声波定位下，确定治疗区域。使用治疗能量为2～4巴，冲击次数2 000次，冲击频率5～10赫兹，治疗足底筋膜炎、钙化性肌腱炎、非钙化性肌腱炎、跟腱痛、转子滑囊炎、髂胫摩擦综合征、桡侧或尺侧肱骨上髁炎、胫骨缘综合征、常见性附着肌腱炎、肌触发痛点等。不含超声引导、心电图检查、血凝检查		骨折延迟愈合、骨不连、股骨头缺血性坏死、慢性疼痛的工伤职工	LECZX003

续表

项目编码	项目名称	计价单位	计价说明	项目内涵	除外内容	适用范围	标准编码
1202025	膀胱腔内电刺激治疗	次	含脉冲电治疗、神经肌肉电刺激治疗、功能性电刺激治疗	用于刺激膀胱反射的恢复。采用盆底电生理治疗仪，截石位，暴露检查部位，将刺激电极经尿道置于膀胱腔内，向膀胱腔内灌注100～200毫升盐水，给予适当电刺激		各种原因导致的排尿障碍；由于脊髓损伤、脊柱脊髓发育异常等原因造成的神经源性膀胱；膀胱感觉功能减退或消失；逼尿肌无反射的排尿功能障碍；各种原因导致的膀胱顺应性降低	LEBRG001
1202026	经颅重复磁刺激治疗	次	含低频经颅磁刺激、高频经颅磁刺激	用于特定疾病的中枢治疗。在胫前肌或小指展肌安置记录表面电极，地线置于踝部，对侧额叶皮层刺激，观察肌肉动作电位波形，判断运动阈值。据此判断最佳刺激部位并根据阈值设置刺激强度。根据病情需要设置刺激的参数，含强度、频率、间隔时间和总时程，对病人进行治疗。治疗中，观察病人反应并随时调整。治疗后，记录治疗反应		中枢神经损伤后引起的运动功能障碍、认知功能障碍、抑郁状态、器质性精神病	KBA32701

续表

项目编码	项目名称	计价单位	计价说明	项目内涵	除外内容	适用范围	标准编码
1202027	阴部/盆底肌磁刺激治疗	次		用于刺激和调节盆底神经和肌肉功能。采用盆底电生理治疗仪，患者取坐位，将磁刺激器置于盆底，给予适当刺激治疗			LEEQU001
1203	3. 物理治疗Ⅲ（水疗）						
1203001	旋涡浴治疗	20分钟/次	包括上肢旋涡浴治疗、下肢旋涡浴治疗	核对医嘱，排除禁忌症，告知注意事项，检查涡流装置，将上肢浸入旋涡装置中，定时。治疗中，观察患者情况。治疗后，患者休息数分钟方可离开，记录，消毒浴盆		关节置换后、骨折、肌腱韧带损伤及术后、截肢、脊髓损伤、烧伤恢复期等工伤职工	LEFWA001 LEFXA001
1203002	水中浸浴治疗(烧伤)	20分钟/次	含小创面简单处理	利用水疗槽（或池）进行烧伤病人的创面浸泡冲洗，去除死皮等污垢并清洁创面，需要时可在水中加入高锰酸钾等消毒剂（0.5克/吨）。对于烧伤程度严重，无法独立转移的患者，可以结合升降器械辅助患者进出水疗槽（或池）。教会患者在浸泡5～10分钟之后，进行预防疤痕挛缩的自我牵拉，以提高相应肢体的活动功能		大面积烧伤的工伤职工	LEFYR001

续表

项目编码	项目名称	计价单位	计价说明	项目内涵	除外内容	适用范围	标准编码
1203003	药物浸浴治疗	20分钟/次	含水中牵伸、肌力、协调性等训练	核对医嘱，排除禁忌症，告知注意事项，询问药物过敏史，向专用浴盆加入药物，测量患者心率、血压，患者全身浸入药液中，取半卧位，定时，在治疗过程中密切观察患者情况，治疗后再测心率、血压，患者休息数分钟无不适主诉后方可离开，记录治疗单，消毒浴盆	药物	大面积烧伤的工伤职工	LEFZY001
1203004	水中运动治疗	30分钟/次	含水中肌力、平衡、关节活动度、步行协调性及耐力训练	准备温水（水温 36～38℃），开启消毒循环过滤加热系统，使用无障碍电动升降装置搬运患者，利用水中治疗椅、水中治疗台、水中肋木、水中双杠、救生圈、浮板等设施器具，指导患者进行水中关节活动训练、肌力增强训练、耐力训练、平衡协调性训练和步行步态训练等。水疗后洗浴，进行水疗设备的清洁、消毒处理		关节置换后、骨折、肌腱韧带损伤及术后、截肢、脊髓损伤、烧伤恢复期等工伤职工	MBAW6001
1203005	气泡浴治疗	每次	含气泡浴和涡流浴	核对医嘱，排除禁忌症，告知注意事项，在浴盆中放置气泡性装置。患者全身浸入水中，检查气泡浴装置，开动气泡发生器，测量患者心率、血压，取半卧位，定时，在治疗过程中密切观察患者情况，治疗后再测心率、血压，患者休息数分钟无不适主诉后方可离开，记录治疗单，消毒浴盆		关节置换后、骨折、肌腱韧带损伤及术后、截肢、脊髓损伤、烧伤恢复期等工伤职工	LEFZX001

续表

项目编码	项目名称	计价单位	计价说明	项目内涵	除外内容	适用范围	标准编码
1203006	哈巴氏槽浴治疗	每次		核对医嘱，排除禁忌症，告知注意事项，测量患者心率、血压，检查浴槽，治疗师取站立位在槽外指导或帮助患者进行主被动运动，使用“8”字形或葫芦形全身水疗槽，可同时开启涡流、气泡和局部喷射等治疗手段，密切观察患者情况，治疗后再测患者心率、血压，患者休息数分钟无不适主诉后方可离开，记录，消毒浴盆		关节置换后、骨折、肌腱韧带损伤及术后、截肢、脊髓损伤、烧伤恢复期等工伤职工	LEFZX002
1203007	水中活动平板训练	每次	含水中活动平板步行训练设备	准备温水（水温 36～38℃），开启无障碍出入装置、自动消毒循环过滤及温控装置、喷射装置，设定患者水中活动平板训练参数，经地上水槽侧壁透明玻璃窗，指导进行定量化的水中步行和步态训练，并记录水中步行步态定量结果。水疗后洗浴，进行水疗设备的清洁、消毒处理		关节置换后、骨折、肌腱韧带损伤及术后、截肢、脊髓损伤、烧伤恢复期等工伤职工	MBAZX003
1204	4．作业治疗						
1204001	轮椅功能训练	次	包括轮椅技能训练、轮椅篮球训练、轮椅跑台训练、轮椅体操训练等内容	指导患者进行轮椅技能操作（如乘坐轮椅正确的坐姿以及驱动轮椅的正确技术动作、转移动作，进行驱动轮椅快速起动、急停和转弯训练，绕障碍物行走、抬前轮、上下台阶及坡道训练等）、轮椅驱动耐力（轮椅跑台训练）及功能性活动（轮椅篮球、轮椅体操）等训练		脊髓损伤、脑损伤、烧伤、骨关节损伤等需长期使用轮椅的工伤职工	MBHZX001 MBHZX002 MBHZX003 MBHZX004

续表

项目编码	项目名称	计价单位	计价说明	项目内涵	除外内容	适用范围	标准编码
1204002	徒手手功能训练	次		利用徒手的方法进行的各种手部功能训练或者进行手工艺制作和训练，必要时进行手法治疗或指导		手外伤、上肢骨关节损伤、脑损伤、脊髓损伤、烧伤等存在手功能障碍的工伤职工	MBCWR001
1204003	器械手功能训练	次		利用仪器设定特定的治疗程序或者利用器械进行手部功能训练，含使用电脑辅助游戏以及手工艺制作活动，必要时给予指导		手外伤、上肢骨关节损伤、脑损伤、脊髓损伤、烧伤等存在手功能障碍的工伤职工	MBCWR002
1204004	计算机辅助手功能训练	次	包括使用E-Link、Hand Tutor、Pablo等专门用于上肢功能评定和训练的手功能训练系统所进行的手功能训练	利用专门的手功能训练设备（软件＋硬件）进行手部肌力、关节活动度、灵活性、协调性等训练		脑损伤、手外伤、上肢骨折等存在手功能障碍的工伤职工	

续表

项目编码	项目名称	计价单位	计价说明	项目内涵	除外内容	适用范围	标准编码
1204005	文体训练	次	包括艺术活动训练、体育活动训练、园艺活动训练、治疗性游戏训练等	在治疗师指导下，通过文体治疗手段达到改善肢体功能（肌力、关节活动度、灵活性、协调性、感觉等）、调节认知及心理功能、提高社会参与能力及沟通协调能力等目的。治疗在活动分析及任务分析的前提下，有计划、有针对性地进行，训练计划及过程有专门记录		手外伤、上肢骨关节损伤、脑损伤、脊髓损伤、烧伤等较长时间住院的工伤职工	KAZ38909 KAZ38910
1204006	身体功能障碍作业疗法训练	次		利用各种运动训练设备，对存在身体功能障碍的患者进行主动、被动、辅助主动的关节活动度、肌力、缓解局部痉挛以及姿势矫正等功能训练		脊髓损伤、脑损伤、烧伤、手外伤、骨关节损伤等存在躯体、精神、认知障碍的工伤职工	MBCZX001
1204007	精神障碍作业疗法训练	次		应用专业理论和不同的治疗模式对存在精神障碍的患者进行治疗，患者可以有机会自己选择并积极参与一些有意义的符合个人能力和程度以及环境需求的活动。目的是让患者得以重新适应并在其所处的社会文化的环境中生活，选择“适宜”的作业及活动，通过有目的的活动实践促使活动功能建立，使生命有意义		脊髓损伤、脑损伤、烧伤、手外伤、骨关节损伤等存在躯体、精神、认知障碍的工伤职工	MBCZX002

续表

项目编码	项目名称	计价单位	计价说明	项目内涵	除外内容	适用范围	标准编码
1204008	认知功能障碍作业疗法训练	次		针对从各种感觉（刺激）输入到运动性的输出，含知觉与感觉、注意、记忆、计划或者策划能力以及执行能力等，作业疗法在整体过程中都会按一定的顺序，进行评价及制订治疗计划，促进肢体机能的恢复与日常生活活动能力的提高，改善障碍者的自立程度		脊髓损伤、脑损伤、烧伤、手外伤、骨关节损伤等存在躯体、精神、认知障碍的工伤职工	MBCZX003
1204009	认知障碍康复训练	次	包括记忆力、注意力、思维能力等训练	对注意障碍、记忆障碍、失算症、分类障碍、推理障碍、序列思维障碍、执行功能障碍等进行一对一康复训练。训练成绩自动记录		脑损伤存在认知障碍的工伤职工	MBFZX003
1204010	计算机辅助认知功能训练	次	包括应用认知软件进行的各种认知训练	利用专门的认知训练系统所进行的认知综合训练		脑损伤存在认知障碍的工伤职工	
1204011	家务劳动训练	次	含备餐、清洗、室内清洁、整理房间、购物、家庭预算等	对家务劳动能力，包括备餐、清洗、室内清洁、整理房间、购物、家庭预算等进行训练		脑损伤、脊髓损伤、烧伤、骨关节损伤等存在家务劳动能力障碍的工伤职工	

续表

项目编码	项目名称	计价单位	计价说明	项目内涵	除外内容	适用范围	标准编码
1204012	假肢使用训练	次	含假肢的控制训练及使用假肢进行日常活动的训练	对患者假肢的应用进行控制训练及使用假肢模拟日常生活活动进行的训练		截肢需使用假肢的工伤职工	MBBZX018
1204013	感觉训练	次	含感觉再教育、感觉再训练、感觉脱敏训练	对感觉障碍患者进行感觉再教育和感觉再训练，对感觉过敏者进行脱敏训练		周围神经损伤、中枢神经损伤、烧伤等各种存在感觉障碍的工伤职工	
1204014	上肢矫形器制作	次	包括各种手及上肢矫形器的制作，材料费按照实际发生情况计算	根据患者上肢功能障碍状况，通过评定、制样、取材、塑型、调试，进行上肢及手的矫形器的制作，达到改善或维持手及上肢功能，使患者最大程度地提高或代偿部分丧失的手及上肢功能的目的。热塑板材、金属材料等材料费另计	低温板材、金属材料等材料	脑损伤、烧伤、脊髓损伤、脑血管意外、骨关节损伤、手外伤等需使用矫形器进行保护、固定、训练和功能代偿的工伤职工	MBLZZ001

续表

项目编码	项目名称	计价单位	计价说明	项目内涵	除外内容	适用范围	标准编码
1204015	辅助(器)具作业疗法训练	次	包括矫形器、轮椅、洗澡椅、坐便椅等辅助器具的使用训练和日常生活中应用训练	通过各种辅助（器）具与日常生活活动相结合的训练使用，提高患者使用各种矫形器、轮椅、拐杖、洗澡椅、坐便椅等辅助器具的能力，提高患者的个人生活自理能力的训练		脑损伤、烧伤、脊髓损伤等需使用辅助器具的工伤职工	MBCZX005
1204016	上肢综合运动训练	次	包括肌力、关节活动度、灵活性、上肢实用功能等训练	利用各种上肢综合运动训练设备，为患者进行被动的、辅助主动的、主动的、抗阻的关节活动范围训练、肌力训练、局部缓解肌肉痉挛训练、局部肌肉牵拉训练、协调性训练、功能活动能力训练及器械训练		脑损伤、烧伤、脊髓损伤、上肢骨关节损伤等存在上肢功能障碍的工伤职工	MBBWA001
1204017	机器人辅助上肢功能训练	次	包括利用AM-EO、Multi-Joint System 等上肢机器人系统所进行的训练	利用上肢机器人所进行的针对上肢功能的训练。上肢机器人能够提供助力、阻力、生物反馈等功能，并利用趣味性活动进行训练		脑损伤、脊髓损伤、上肢损伤、手外伤等存在上肢功能障碍的工伤职工	
1204018	独立生活能力训练	次	包括生活自理能力训练和社会适应能力训练	针对患者出院后独立生活所必需的能力，如生活自理、参与社会活动、正常的娱乐休闲活动等进行的综合训练		脑损伤、烧伤、脊髓损伤等存在独立生活障碍的工伤职工	

续表

项目编码	项目名称	计价单位	计价说明	项目内涵	除外内容	适用范围	标准编码
1204019	镜像治疗	次	包括治疗室内训练和家庭中的训练	使用特别制作的镜子，应用专门技术程序，针对截肢、脑损伤或慢性疼痛患者进行的训练，以减轻疼痛或改善运动功能		脑损伤、截肢后幻肢痛、慢性区域性疼痛综合征等工伤职工	
1204020	虚拟现实训练	次	含利用各类虚拟技术所模拟的训练	利用专门的虚拟设备，模拟不同的生活场景进行肢体运动功能、认知功能或实际生活能力的训练。通过逼真的情景、可调节的活动、即时的反馈提高训练积极性，增加治疗效果		脑损伤、截肢、脊髓损伤、手外伤、肢体骨折、慢性疼痛等工伤职工	
1204021	下肢矫形器制作	次	包括各种足及下肢低温材料矫形器的制作，材料费按照实际发生情况计算	根据患者下肢功能障碍状况，通过评定、制样、取材、塑型、调试，进行下肢的矫形器的制作，达到改善或维持下肢功能，使患者最大程度地提高或代偿部分丧失的下肢功能。热塑板材、金属材料等材料费另计	热塑板材、金属材料等材料	脑损伤、烧伤、脊髓损伤、骨关节损伤等需要使用矫形器进行保护、固定、训练及功能代偿的工伤职工	MBLZZ002

续表

项目编码	项目名称	计价单位	计价说明	项目内涵	除外内容	适用范围	标准编码
1204022	躯干矫形器制作	次	包括各种颈托及胸腰骶矫形器的制作，材料费按照实际发生情况计算	根据患者脊椎的功能障碍状况，通过评定、制样、取材、塑型、调试，进行脊椎矫形器的制作以达到限制脊椎运动、保护病变关节、促进病变愈合、辅助康复治疗的作用。热塑板材、金属材料等材料费另计	热塑板材、金属材料等材料	脊髓损伤、骨关节损伤等需要使用矫形器进行保护、固定、训练及功能代偿的工伤职工	
1204023	压力衣制作	件	包括压力全面罩、下颌套、头套、上衣、长裤、短裤、普通压力袜、分趾压力袜、上肢套、下肢套、压力手套等的制作，材料费按照实际发生情况计算	根据患者的功能情况，为其制作压力衣裤等，以达到控制瘢痕增生、消除肢体肿胀、促进残端塑型的作用。瘢痕评定、量身、计算、画图、剪纸样、画布样、剪布样、缝制、试穿、修改、详细向患者说明穿戴压力衣的作用、注意事项、清洗方法，最后交付患者使用，并定期进行复查及修改，保证压力的有效性	压力布	烧伤、截肢、肿胀、长期卧床的工伤职工	MBKZX007
1204024	自助具制作	件	包括自理、文娱、书写阅读、交流等方面自助具制作，材料费按照实际发生情况计算	针对患者需要使用的辅助器具种类、所用辅助器具的功能需要以及正确使用辅助器具的方法进行评定和制作，使之适合并弥补患者的功能缺失水平，提高患者康复水平和康复治疗效果	板材、手柄、金属等材料	有自助具需求的工伤职工	MBCZZ001

续表

项目编码	项目名称	计价单位	计价说明	项目内涵	除外内容	适用范围	标准编码
1204025	转移动作训练	次	包括翻身、起坐、站立、床与轮椅（座椅）之间的转移动作的训练	利用各种转移动作训练设备，为患者进行被动的、辅助主动的、主动的床上翻身、起坐、站立、床与轮椅（座椅）之间的转移动作的训练、功能性活动训练及器械训练		存在转移障碍或转移困难的工伤职工	MBBZX001
1204026	日常生活动作训练		含进食、穿衣、修饰、个人卫生、如厕、洗澡、步行、转移等内容	对独立生活而每天所必须反复进行的、最基本的一系列身体动作，即进行衣、食、住、行、个人卫生等日常生活的基本动作进行系统的评定，发现存在的问题并将制订的相关训练计划付诸实施的过程		存在日常生活活动障碍的工伤职工	MBCZX004
1204027	知觉障碍康复训练		包括失认症、失用症的康复训练	对单侧忽略、躯体失认、手指失认、空间知觉障碍、物品失认、面容失认、结构性失用、意念运动性失用、意念性失用等进行一对一康复训练。记录训练成绩		脑损伤后存在知觉障碍的工伤职工	MBEZX001
1204028	感觉统合治疗		含触压觉、本体感觉、视觉、听觉、平衡觉等感觉的整合训练	指专人制订训练计划。大肌肉、平衡感触觉防御、情绪本体感、身体协调学习能力发展等方面，制订相应训练计划。专人进行平衡系列、手眼协调系列、特训系列等全程专人看护，独立测查室及训练室		脑损伤后存在感觉统合失调、意识障碍、异常情绪或异常行为的工伤职工	KAZ38908

续表

项目编码	项目名称	计价单位	计价说明	项目内涵	除外内容	适用范围	标准编码
1205	5. 言语—语言、摄食—吞咽治疗						
1205001	失语症训练	30分钟/次	含听、说、读、写等各项语言功能的训练	利用实物、图片或仪器，对患者在听理解、复述、命名、朗读、阅读理解、书写等语言模式及其单词水平、句子水平、短文水平、文章水平等方面的训练		伴有失语症的脑损伤工伤职工	MBDZX002
1205002	构音障碍训练	次	含发音训练、语音纠正训练、构音器官功能训练	指导患者进行呼吸训练、放松训练、构音改善训练、克服鼻音化训练、克服费力音训练、克服气息音训练、韵律训练、语音工作站、交流系统应用训练等，对患者进行发声及矫正错误发音的训练		伴有构音障碍的脑损伤工伤职工	MBDZX0076
1205003	吞咽功能障碍训练	次	含吞咽相关器官的功能训练及摄食吞咽的训练指导	针对患者的吞咽问题，进行口面吞咽器官训练，声门屏气、咳嗽训练以及摄食吞咽的训练指导（食物性状、进食体位姿势等的调整），改善摄食—吞咽的能力		伴有摄食—吞咽障碍的工伤职工	

续表

项目编码	项目名称	计价单位	计价说明	项目内涵	除外内容	适用范围	标准编码
1205004	言语矫正治疗	次	含对呼吸、发声、共鸣、构音功能的矫正训练	通过计算机软件，患者应用耳机和麦克风，采用人机对话方式进行训练，对患者的呼吸功能、发声功能、共鸣功能和构音功能进行有针对性的训练和矫正		伴有言语障碍的工伤职工	MBDZZ001
1205005	吞咽障碍电刺激训练	次	含使用电刺激治疗仪对患者进行低频电刺激治疗	利用电刺激治疗仪对患者的吞咽肌群进行低频电刺激，同时进行冰刺激，舌唇、下颌运动训练，进食训练	电极片	伴有摄食一吞咽障碍的脑损伤工伤职工	MBDZX010
1205006	发声障碍训练	次	含对嗓音障碍患者进行发声训练	通过体位的改变、呼吸功能的训练、声带放松训练、持续发声训练等多种嗓音训练方法，改善发声障碍患者异常的音调、音量、音质，以及进行正确用声方法的指导		伴有嗓音障碍的工伤职工	MBDZX008
1205007	无喉者发声障碍训练	次	含对喉切除术后患者进行发声训练	通过食管打嗝的练习、空咽的练习、元音的加入、辅音的加入、加快发音速度、延长气流时间、词和句子的联系、音调和语气的控制等方法对喉摘除患者进行特殊的发声训练，使患者重新发音并掌握发音的技巧		喉切除术后的工伤职工	MBDZX009

续表

项目编码	项目名称	计价单位	计价说明	项目内涵	除外内容	适用范围	标准编码
1206	6. 心理治疗						
1206001	暗示治疗	次	含暗示用具的使用	在单独房间，安静环境，由受过专业培训的精神科医师或心理师判断患者的易感性和依从性，根据患者的症状，制定适当的暗示语以达到改善和治疗患者症状的方法，必要时给予一定的药物暗示		伴有心因性疼痛及其他身心障碍，且认知功能正常的工伤职工	KAZ38706
1206002	松弛治疗	次	包括注意集中放松法、腹式深呼吸法、渐进性肌肉放松法等	在单独房间，安静环境，由受过专业培训的精神科医师或心理师使用规范的治疗指导语，使患者逐步放松。可配合使用生物反馈仪或音像设备		伴有心因性疼痛、失眠、焦虑及其他身心障碍，且认知功能正常的工伤职工	KAZ38911
1206003	心理治疗	半小时	包括有针对性的心理分析、认知治疗、心理疏导等	在单独房间，安静环境，由具有足够的理论知识、实践培训和督导基础的专业人员进行相关精神心理学诊断，选择相应的心理治疗方法，应用规范化的治疗技术和个体化的治疗方案进行心理调整，解除心理障碍		伴有明显心理症状及情绪障碍但认知功能正常的工伤职工	KAZ38701

续表

项目编码	项目名称	计价单位	计价说明	项目内涵	除外内容	适用范围	标准编码
1206004	催眠治疗	次	含催眠用具的使用	在单独房间，安静环境，由精神科医师或心理师对患者的易感性和依从性进行评估。按照规范的指导语，或者借助一定的仪器和药物，帮助患者进入催眠状态。根据患者的症状，制定适当的暗示语。催眠结束时，按照一定的指导语，将患者恢复清醒。治疗中应有一名专业人员协助		伴有明显心因性疼痛、失眠、焦虑及其他身心障碍，且认知功能正常的工伤职工	KAZ38707
1206005	森田疗法	次		适用于神经症治疗。分为经典及改良方法。前者含绝对卧床阶段、工作治疗阶段、生活训练阶段。第一阶段要求单独房间、安静环境。后两个阶段及改良方法，针对患者的症状，制订一系列的活动计划，观察和督促患者执行计划。可门诊或住院实施。在这个治疗过程中由精神科医师或心理师给予指导		有强迫症、恐惧症、焦虑症等神经症或类似神经症症状的工伤职工	KAZ38708
1206006	行为矫正治疗	日	含奖励等强化物的使用	由精神科医师或心理师评估患者的症状，分析症状的严重程度和缓急，制订行为矫正的计划。进行基线评估，制订治疗计划。督促患者严格按照计划实施治疗，定期观察监测。根据患者疗效，适当调整治疗计划。治疗过程需精神科护士协助		有情绪行为障碍的工伤职工	KAZ38913

续表

项目编码	项目名称	计价单位	计价说明	项目内涵	除外内容	适用范围	标准编码
1206007	沙盘治疗	次	含沙盘和沙具的使用	由精神科医师或心理师通过沙盘游戏的方式，呈现患者内心深处意识和无意识之间的沟通和对话，由此激发患者治愈过程，身心健康发展以及人格的发展与完善。可以采用个体或团体的方式进行		有情绪障碍，人际关系障碍，自闭、言语表达障碍或防御心理较强的工伤职工	
1206008	音乐心理治疗	次	含简易乐器、音乐碟的使用	在独立的治疗室，由受过专业培训的治疗师完成治疗，在心理治疗技术指导下，根据患者的情绪状况，选择不同的音乐和简易的乐器。对患者在音乐和乐器影响下表现出来的情绪和心理感受进行分析，帮助他们疏泄负性情绪，引导他们体验正性情绪和积极的认知		有情绪障碍的工伤职工	KAZ38912
13	（三）康复护理						
1300001	综合康复护理评定	次		患者住院期间，护士定期对患者生活自理能力（ADL）、器官功能情况、潜在护理安全隐患、对疾病知识掌握程度、自我护理技巧掌握情况、对住院环境适应能力情况及功能恢复情况等进行评定。根据评定结果制订或调整护理计划，促进康复计划有效的实施	关节活动、肌力、平衡等专业康复评定	各类康复人员，特别是使用辅助器具，病情相对严重的人员	

续表

项目编码	项目名称	计价单位	计价说明	项目内涵	除外内容	适用范围	标准编码
1300002	膀胱功能训练	次	含饮水计划、盆底肌肉训练、尿意习惯训练、激发技术等	向患者介绍膀胱功能训练方法和目的等相关知识，取得患者配合，判断膀胱类型，选择适宜的膀胱训练方法，按既定程序讲解并示范操作动作，指导患者和家属学习训练方法，观察有无反射性排尿，有无植物神经反射亢进，有无血压升高、膀胱压力升高，记录训练效果，避免因训练方法不当而引起的尿液返流		存在神经源性膀胱功能障碍的工伤职工	MBZRG001
1300003	膀胱容量测定	次		排除禁忌症，向患者解释目的并取得配合。输液架的一侧挂测压标尺，另一侧挂 500 毫升生理盐水瓶（加温至 35～37℃），瓶上标记刻度，插上输液管进行排气，将三通管分别与输注生理盐水的输液管和测压管的下端相接。患者排空膀胱后，取仰卧位或坐位，插入无菌导尿管，排空膀胱内的尿液，记录导尿量（残余尿量），固定导尿管，将导尿管的开口与三通管另一端相连，调节输液架使测压管的零点（先少量灌入部分生理盐水以调零）与患者的耻骨联合在同一水平面上，打开输液调节器以适当的速度向膀胱内灌入生理盐水，观察测压管中的水柱波动，当测压管中的压力升至 40 厘米 H20 以上或尿道口有漏尿时，停止测定，撤除测定装置，引流排空膀胱，拔出导尿管，记录导尿量	三腔导尿管	存在神经源性膀胱功能障碍的工伤职工	在 MAZRG001 基础上修改项目内涵

续表

项目编码	项目名称	计价单位	计价说明	项目内涵	除外内容	适用范围	标准编码
1300004	残余尿量测定——导尿法	次		向患者说明残余尿测量方法、测量目的、注意事项等内容，指导患者饮水300～500毫升，观察膀胱是否充盈，膀胱充盈后协助患者坐位或半坐位，诱导患者自行排尿后，采取无菌导尿术排空膀胱内残余尿量，记录残余尿量，计算自解尿量与残余尿量的比例，观察患者有无不适		存在神经源性膀胱功能障碍的工伤职工	FRA02404
1300005	体位护理	天	含压疮护理、体位变更技术	指为了预防肩关节半脱位，骨盆倾斜，四肢各关节挛缩、畸形等，应用于各种体位需求的摆放，采用不同规格、类型的枕头按操作规程摆放至治疗性体位。评估患者病情，解释目的，取得配合，操作动作轻柔，尽可能发挥残存的能力进行体位转移，各种卧位交替使用，以侧卧为主，避免半卧位。在维持正确治疗体位基础上尽量保持患者体位舒适，穿戴矫形器的患者注意观察血运	功能性敷料	伴有挛缩、畸形、痉挛、瘫痪等神经系统和骨关节损伤的工伤职工	ACBN0001
1300006	病区综合康复延伸训练指导	次	含开展摄食—吞咽、言语—语言、呼吸、肢体活动、转移、康复辅助器具使用和手工艺活动等康复延伸训练指导	为巩固患者康复效果，促使患者尽早恢复日常生活自理功能，并缩短住院时间，护士利用患者在病区的实际生活环境及空余时间长的特点，按照康复治疗师制定的治疗方案，指导患者进行康复延伸训练		伴有躯体、言语、认知和精神心理障碍的各类工伤职工	

续表

项目编码	项目名称	计价单位	计价说明	项目内涵	除外内容	适用范围	标准编码
1300007	截肢残端皮肤护理	次	含健康指导、皮损处护理	评估患者截肢残端情况，解释目的，取得配合，指导患者掌握假肢的使用和保养方法、弹力绷带的正确使用方法、控制体重的必要性、假肢的自我操控方法，评定假肢接受腔松紧是否适合，是否全面负重，残肢肌力和 Rom 的锻炼指导等；正确处理皮损部位，残肢应用弹力绷带包扎，皮损较严重时暂停使用假肢		截肢工伤职工	
1300008	康复清洁导尿培训	次		向患者（如高位脊髓损伤）或家属说明清洁导尿的方法、目的和步骤，要求取得配合，讲解尿道的生理解剖结构及泌尿系相关知识，介绍发生泌尿系感染时的症状，介绍清洁导尿的并发症，指导患者采取适当体位，示范操作清洁导尿的具体步骤及动作要点，操作训练过程中指导患者如何操作正确和动作轻柔，仔细观察训练过程，避免损伤尿道	一次性导尿包、尿管	存在神经源性膀胱功能障碍的工伤职工	MBZRJ001
1300009	烧伤皮肤护理	体表面积%/次	含烧伤脱痂处理、皮肤瘙痒处理、创面干燥处理	评估烧伤皮肤情况，解释目的，取得配合，用无菌脱脂盐水棉球或棉签轻轻清除肢体疤痕皮肤的污垢，用无菌眼科镊和剪刀轻轻揭剪疤痕残留死痂皮，并用无菌棉签清洗血痂部位，涂抹药物，无菌敷料包扎。彻底清洗创面，去除焦痂、死皮后涂擦适合皮肤的润滑剂。指导患者或陪护做好皮肤护理		烧伤后创面已初步愈合，处于疤痕增生期的工伤职工	

续表

项目编码	项目名称	计价单位	计价说明	项目内涵	除外内容	适用范围	标准编码
1300010	肠道功能训练	次	包括排便操、腹部按摩、便意习惯训练、直肠直接刺激法	评估患者肠道功能障碍情况，解释目的，取得配合；指导患者进行排便操、腹部按摩、肠道功能训练，时间要符合患者的生活规律，根据患者的情况进行调整和评价，建立排便规律。出现腹泻要注意保护肛门周围的皮肤，防止粪便刺激皮肤而发生破溃	灌肠	存在肠道功能障碍的工伤职工	
14	（四）其他治疗						
1400001	肉毒杆菌毒素注射	部位		将神经毒素准确地注射入靶肌肉，通过麻痹靶肌肉实现治疗目的，根据患者动态和静态时的肌肉状况来决定注射点，并用标记液标记，采用特殊的注射器，必要时在肌电图引导下进行准确的肌肉内注射	膀胱镜检查、药物、肌电图引导	脑损伤、脊髓损伤及脑瘫等上运动神经元损伤所致肌肉痉挛的工伤职工	在HX848105基础上做项目内涵修改

二、职业社会康复服务类

项目编码	项目名称	计价单位	计价说明	项目内涵	除外内容	适用范围	标准编码
21	（一）评估类						
2100001	徒手职业能力评定	次	含工作能力配对	对工伤职工进行与职业功能状态相关的徒手技术能力评定，含日常生活中与职业相关的各种运动技能和操作技能的评定。人工报告		处于职业年龄阶段并有就业潜能的工伤职工	MAKZY001
2100002	器械职业能力评定	次	包括智能化职业能力评估、工具使用示范，含工作能力配对	利用仪器或器械模拟进行与职业功能状态相关的技术能力评定，含对工伤职工日常生活中与职业相关的各种运动技能和操作技能的评定。人工报告		处于职业年龄阶段并有就业潜能的工伤职工	MAKZY002
2100003	霍兰德职业倾向测验量表测评	次	含专业量表测评、职业分析及讨论	说明目的和要求并取得工伤职工配合，工伤职工按正确的方法如实填写，操作者严格给予评分，电脑统计分析，打印结果。通过标准量表测评工伤职工的职业兴趣和能力特长，从而更好地作出求职择业的决策。包括专业评定量表		计划转换工作岗位或再就业的工伤职工	
2100004	工作模拟评估	次	包括智能化工作模拟评估、各类模拟工作站评估，含工作要求、工作动作模拟、分析结果	说明目的和要求并取得工伤职工配合，工伤职工在非工作现场使用模拟工作的仪器、设备设施完成某指定工作任务，操作者收集反馈信息，记录及分析结果，用于评定工伤职工当前的躯体功能及作业能力。人工报告		有具体职业目标的工伤职工	

续表

项目编码	项目名称	计价单位	计价说明	项目内涵	除外内容	适用范围	标准编码
2100005	工伤职工职业调查	次	含收集工伤职工的个人、职业相关，工伤相关和雇主相关资料	采用一对一的方式对患者实施测验，通过问卷形式进行，收集工伤职工职业相关资料，分析影响工伤职工就业的因素。人工报告		无严重认知功能障碍的工伤职工	
2100006	就业意愿评估	次	含考虑前阶段、考虑阶段、准备阶段、行动阶段	说明目的和要求并取得工伤职工配合，采用量表评估形式，分析结果，用于评估工伤职工在当前阶段的就业心理状态。人工报告		处于职业年龄阶段的工伤职工	
2100007	症状放大症评估	次	包括主动用力一致性评估、变异系数分析、重复测试、行为观测	应用标准化的仪器测试，分析工伤职工是否存在症状放大症等心理功能障碍问题。用于评估工伤职工“身体功能或能力表现的可信度”；评估行为与躯体症状反应的一致性等。人工报告		疑存在社会心理问题的工伤职工	
2100008	腰背功能评估	次	包括腰背功能自评量表、客观评定量表、Oswestry 腰椎评定等	说明目的和要求并取得工伤职工配合，采用面谈、查体、量表评估，评分并分析结果，用于工伤职工腰背功能状况的主观评估和客观查体。人工报告		腰背损伤、慢性腰背疼痛的工伤职工；从事体力性工作的工伤职工	

续表

项目编码	项目名称	计价单位	计价说明	项目内涵	除外内容	适用范围	标准编码
2100009	疼痛信念评估	次	包括身体疼痛信念评估、工作疼痛信念评估	说明目的和要求并取得工伤职工配合，应用疼痛信念自评量表，评估工伤职工对疼痛影响的主观判断，包括自评身体活动与疼痛的关系，以及疼痛对工作的影响。人工报告		急慢性疼痛的工伤职工	
2100010	工作压力评估	次		采用一对一的方式并使用量表进行，评分和分析工伤职工的工作心理压力状况。人工报告		处于职业年龄阶段并有就业潜能的工伤职工	
2100011	工作满意度评估	次	含薪酬满意度、晋升满意度、与同事关系满意度、与上司关系满意度、对工作总体满意情况	说明目的和要求并取得工伤职工配合，采用量表评估形式，从六个方面评估工伤职工对现阶段工作岗位的主观满意程度，分析工伤职工的工作适应情况。人工报告		处于职业年龄阶段并有就业潜能的工伤职工	
2100012	功能性能力评价	次	含移动能力评估、手部功能评估、姿势变化评估、工作平衡评估、力量耐力评估、社会心理能力评估	说明目的和要求并取得工伤职工配合，要求工伤职工按操作标准完成 37 项身体能力评估项目，治疗师记录及分析数据结果，分析工伤职工的功能能力状况。主要测试工伤职工功能能力水平与特指的工作或某一工作任务两者间相匹配的程度，从而得出个体从事某一工作时躯体功能的水平范围，包括体能、心理、情绪等方面。人工报告		处于医疗稳定期的工伤职工，保留部分或大部分劳动能力的工伤职工，无严重高血压、心脏病等禁忌症的工伤职工	

续表

项目编码	项目名称	计价单位	计价说明	项目内涵	除外内容	适用范围	标准编码
2100013	工作需求分析	次	包括工作特性分析、工人能力需求分析	说明目的和要求并取得工伤职工配合，采用量表评估方式，分析结果，评估工伤职工某一特定工种的工作需求，以评估工人能否重返原工作岗位。人工报告		有具体职业目标的工伤职工	
2100014	现场工作分析评估	次		到用人单位的工作现场收集工作职位信息的一种评估方法，可以找出组成一份工作的各种工作细节（Job tasks），以及包含的相关知识、技巧和工人完成工作任务所需的能力；可以根据工伤职工身体功能、工作范畴之间的关系，系统地分析一份工作。人工报告		处于重返工作岗位或再就业早期的工伤职工	
2100015	职业健康状况评估	次	含躯体功能、生理性及情感性角色功能、活力、精神健康、社会功能、疼痛等方面的评估	说明目的和要求并取得工伤职工配合，使用健康状况调查表评分及分析，得出工伤职工对身体健康状况的主观评价，分析工伤职工对自身健康状况的控制能力。人工报告		处于职业年龄阶段并有就业潜能的工伤职工	

续表

项目编码	项目名称	计价单位	计价说明	项目内涵	除外内容	适用范围	标准编码
2100016	工作岗位的人体功效学评估与改良	次	包括工作环境评估与改良、手工工具评估与改良、工序任务评估与改良、工作辅具评估与改良，不包括涉及的材料费用	运用人体工效学技术，对岗位条件以及身体要求进行工作归类分析，评估可能存在的风险因素。采用改良技术，为受伤工人进行工作环境、工序任务、手工工具、工作辅具等方面改造，或者提出技术指导意见，协助受伤工人可以安全返回工作岗位，提高工作适应能力及工作效率，预防再受伤。人工报告		处于重返工作岗位或再就业早期的工伤职工	
2100017	现场工作能力测评	次		说明目的和要求并取得工伤职工配合，选择在用人单位真实的工作环境中安排工伤职工进行现场操作能力测评。治疗师选出工作流程中关键性的工作任务，通过安全筛选后安排给工伤职工进行测评，含体力操作、设备使用、工作姿势及方法、操作耐力和同事协作等，强调注意工伤职工的反馈，并确定工伤职工完成工作需要协助的程度。人工报告		医疗情况稳定，处于工作准备期或就业期的工伤职工	

续表

项目编码	项目名称	计价单位	计价说明	项目内涵	除外内容	适用范围	标准编码
2100018	工作行为评估	次		治疗师客观地测试及反映工伤职工在工作上的行为表现，或评估其工作意向及工作上所需的精神状态。评估含工作动力、仪表、出席率、守时、对工序的注意力、自信心、对管理的反应、对建设性批评的接受力、人际关系、生产力、个体对心理压力和挫折的承受能力。人工报告		处于职业年龄阶段并有就业潜能的工伤职工	
2100019	技能操作评估	次	包括电脑技能评估、手工技能评估、各项专业技能评估	对工伤职工的电脑操作技能、手工制作技能及其他各专业技能的知识和实际操作能力进行评估，确定工伤职工是否能达到该工种的工作岗位要求以及工伤职工重返该工作岗位所需要接受的培训内容、培训目标和其他必要的辅助措施。包括对伤残者的工种专业技能知识评估、专业技能实际操作能力评估。人工报告		处于职业年龄阶段并有就业潜能的工伤职工	
2100020	创伤后应激障碍评估	次		包括结构化和半结构化的量表评估，评估受伤是否造成工伤职工创伤后应激障碍综合征，为治疗方案和措施的选择提供依据。人工报告		无严重认知障碍的工伤职工	

续表

项目编码	项目名称	计价单位	计价说明	项目内涵	除外内容	适用范围	标准编码
2100021	家居环境评估	次	包括问卷评估和实地评估	评估工伤职工家居环境是否符合日常活动需要；了解其住宅出入口、通道、门、厕所、厨房、卧室、客厅、开关、手柄、物品放置等方面情况；为进行家居环境改造和环境适应训练提供依据。人工报告		脑外伤、脊髓损伤、截肢等家庭生活受环境限制的工伤职工	
2100022	自我效能评估	次		包括结构化和半结构化量表评估。评估工伤职工对自我能力的认知，为制定恰当的社会心理辅导方案提供依据。人工报告		无严重认知障碍的工伤职工	
2100023	社会与家庭支持评估	次	包括社会支持评估、家庭支持评估等	包括量表评估、结构性面谈或实地调查，对工伤职工的社会与家庭支持的相关资料进行收集与调查，评估在社区中其社会或家庭的支持程度以及可使用的有效资源等外部环境因素对工伤职工康复的影响。人工报告		所有工伤职工	
2100024	社会适应能力评价	次	包括SF-36简明健康状况调查表、社会再适应评估、应付方式评估、社会适应能力评估等	包括结构化或半结构化的量表评估。可使用SF-36简明健康状况调查表、社会再适应量表、应付方式量表和社会适应能力量表等进行评估。评估在高应激状态下工伤职工的健康状况、压力程度、压力应付方式以及适应能力，为制定恰当的社会心理干预、危机处理等康复辅导方案提供依据。人工报告		无严重认知障碍的工伤职工	

续表

项目编码	项目名称	计价单位	计价说明	项目内涵	除外内容	适用范围	标准编码
22	（二）训练类						
2200001	职业功能训练	次		使用仪器或器械模拟对工伤职工进行与职业功能状态相关的训练，含日常生活中与职业相关的各种运动技能和操作技能的训练		处于医疗稳定期的工伤职工，无严重高血压、心脏病等禁忌症的工伤职工	MBKZX002
2200002	职前训练	项/次	包括金工、木工、电工、机械维修工、电器维修工、司机、铆工、焊工、钳工、管工、建筑工、操作工、厨工、清洁工、护工、仓管员、文员等	在工作仿真车间进行训练。由专业人员对有就业意向并能从事相关工作的工伤职工设计工种操作程序，设定工作任务和工作量。通过训练，帮助工伤职工树立正确的工作态度、劳动习惯和价值观，养成良好的工作习惯，恢复和提高工伤职工的职业适应能力。根据工伤职工原工种设定，包括金工、木工、电工、机械维修工、电器维修工、司机、铆工、焊工、钳工、管工、建筑工、操作工、厨工、清洁工、护工、仓管员、文员等		处于医疗稳定期的工伤职工，保留部分或大部分劳动能力的工伤职工，无严重高血压、心脏病等禁忌症的工伤职工	

续表

项目编码	项目名称	计价单位	计价说明	项目内涵	除外内容	适用范围	标准编码
2200003	工作强化训练	次	包括与工作相关的工作推拉力、提拉力、运送能力训练，含肌肉力量、柔韧性、灵活性的强化训练	在相关的工作环境下设计或使用真实或模拟的工作活动，一般配合身体重塑项目进行		处于医疗稳定期的工伤职工，保留部分或大部分劳动能力的工伤职工，无严重高血压、心脏病等禁忌症的工伤职工	MBKZX004
2200004	工作模拟训练	次	包括模拟工作站训练、智能化工作模拟训练、工作样本训练	使用仪器或器械模拟系统对工伤职工进行与职业功能状态或就业目标相关的训练，含单个工作任务的训练及提高工伤职工的工作行为意识，重新找回工作者角色		处于医疗稳定期的工伤职工，保留部分或大部分劳动能力的工伤职工，无严重高血压、心脏病等禁忌症的工伤职工	MBKZX003
2200005	工作行为教育与训练	次	包括工作行为教育、工作者角色训练	通过治疗与小组学习，协助工伤职工认识自身工作行为问题，提高工伤职工的工作意识，改善工作行为，重新找回工作者角色		处于职业年龄阶段并有就业潜能的工伤职工，工作行为有缺陷的工伤职工	MBKZX005

续表

项目编码	项目名称	计价单位	计价说明	项目内涵	除外内容	适用范围	标准编码
2200006	职业咨询与指导	次	包括职业咨询、职业指导	运用标准化或自我评估的测量工具，帮助工伤职工了解自己在职业上的优势和劣势，找到符合自己兴趣与能力的工作，协助工伤职工成功地就业并维持工作的稳定性		处于职业年龄阶段并有就业潜能的工伤职工	
2200007	职业技能再培训	节	包括电脑技能培训、手工技能培训等各项专业技能培训	对工伤职工进行新的工作技术的培训和指导，并根据工伤职工自身兴趣、身体功能及实际需求制定相应的课程。通过有针对性的课程设计，使工伤职工重新获得一项适合自己体能、身体功能的职业技能，提升工伤职工就业能力，增加被重新聘用的机会		医疗情况稳定，处于工作准备期或就业期的工伤职工	
2200008	工作职务调整及再设计	次/节	包括工作职务调整建议、职业生涯再设计	根据工伤职工自身特点，选择适合的职业岗位，并进行科学配对，通过改善工作方法、整合工序、调整工作流程、使用适当的工具或使用辅助技术等，为工伤职工调整工作岗位或提供职业生涯设计，使工作能力暂时受限或有障碍的工伤职工能够重返工作岗位		医疗情况稳定，处于工作准备期或就业期的工伤职工	

续表

项目编码	项目名称	计价单位	计价说明	项目内涵	除外内容	适用范围	标准编码
2200009	工作重塑	次		在相关的工作环境下设计或使用真实或模拟的工作活动。制订与工作有关的、密集的和以目标为导向的治疗计划，用来恢复个人的肌力、耐力、移动能力、灵活度、四肢控制能力及心肺功能		无严重高血压、心脏病等禁忌症的工伤职工；医疗情况稳定，处于工作能力障碍期的工伤职工	MBKZX006
2200010	现场工作能力强化	次	包括生产实习法、现场工作能力训练，含工伤预防指导	治疗师在工厂企业等现场对工伤职工进行安全指导、工作任务训练、设备使用训练、社交及综合管理能力训练、工作团队适应等。不包括涉及的材料费用		医疗情况稳定，处于工作准备期或就业期的工伤职工	
2200011	工具使用训练	次	包括手工工具训练、机器设备操作训练	针对工伤职工受伤后在工具使用能力上存在的受限情况进行针对性训练，协助病人重新掌握工具的使用技巧。通过工具模拟使用，如螺丝批、扳手、手锤、木刨、钳子、车床等，协助工伤职工重新寻找原工作中工具使用的感觉		无严重高血压、心脏病等禁忌症的工伤职工；医疗情况稳定，处于工作能力障碍期、工作准备期、就业期或职业角色障碍期的工伤职工	

续表

项目编码	项目名称	计价单位	计价说明	项目内涵	除外内容	适用范围	标准编码
2200012	体力操作技巧训练	次	含人力搬抬风险评估、体力处理风险管理技巧	针对工伤职工从事工作活动时所需的体力操作要求进行训练，指导工伤职工学习和建立正确的体力处理技巧，规避受伤风险		无严重高血压、心脏病等禁忌症的工伤职工；医疗情况稳定的工伤职工，经医生诊断后确定可以完成相关操作	
2200013	基本工作姿势训练	次	包括工作姿势变化训练、姿势维持耐力训练	纠正及强化工伤职工的工作姿势维持及变化能力，提升工伤职工工作耐力，提高工作安全性。含不同表现形式和不同作用的走、跑、跳跃、投掷、悬垂、支撑、攀登、爬越等能力		医疗情况稳定的工伤职工，经医生诊断后确定可以完成相关操作	
2200014	康复辅导	45 分钟		应用伤残调适理论和康复辅导技术，选择适当的康复辅导技术和辅导环境，对因工伤而导致的社会心理或工作方面的问题及障碍进行个别化的指导，提高工伤职工适应伤残和解决问题的能力		无严重认知功能障碍的工伤职工	

续表

项目编码	项目名称	计价单位	计价说明	项目内涵	除外内容	适用范围	标准编码
2200015	伤残适应小组辅导	60分钟		应用小组辅导理论和技术，采用封闭式小组，通过小组动力及同辈支持，为工伤职工提供社会心理调适、情绪管理、压力管理、疼痛管理、行为调适、复工动力、社会角色重整、未来生计等方面的训练辅导		无严重认知功能障碍的工伤职工	
2200016	工作安置协调	次	包括电话跟进、工场探访等方式	通过面谈、电话跟进、工场探访等方式，提供专业的评估及指导，协调安排符合工伤职工功能要求的工作岗位	工作设备设施改造	需要返回工作岗位的工伤职工	
2200017	社会环境适应干预	60分钟		采用实地探访、会议、电话沟通等形式，对工伤职工社会适应相关的范畴进行干预或协调，促进工伤职工更好地适应和融入社会生活。沟通或协调的对象包括工伤职工及其家庭成员、劳动保障经办部门、雇主、社区组织等，沟通或转介的内容包括社区无障碍环境、政策环境、文化环境、就业环境等方面		有需要的工伤职工	
2200018	医疗依赖者家属辅导	45分钟		采用个别或小组形式，针对医疗依赖者家属的伤残适应、健康教育、压力管理等问题进行辅导，协助他们认识、管理和解决长期照顾过程中出现的问题或困难，提升家庭生活质量		有医疗依赖的工伤职工及其家属	

续表

项目编码	项目名称	计价单位	计价说明	项目内涵	除外内容	适用范围	标准编码
2200019	家庭康复技巧训练指导	45 分钟		根据工伤职工的伤情及社区康复需要，为他们制订出院后的家庭康复计划和书面方案，提供具体的训练指导以及出院后定期的跟进服务		有需要的工伤职工	
2200020	社会行为活动训练	60 分钟		应用社会心理行为适应理论和训练方法，在模拟或真实的环境中，为工伤职工提供与个人能力、功能程度以及环境需求相符的社会行为活动训练。包括康复知识、人际交往、沟通技巧、交通工具使用、购物、社区聚会、互助康乐活动、生计等，为其回归社会创造条件		有需要的工伤职工	
2200021	出院准备指导	45 分钟		根据中重度伤残工伤职工继续康复或照顾的需要，在住院期间提供适当的社区资源的信息和转介服务，含工伤职工出院后所需的社区医疗、社区康复、残疾人公共服务政策、社区服务和就业辅助政策等，使工伤职工能及时、安心且满意地离开医院，顺利回归家庭或转至后续照顾系统，并维持良好的健康状况与生活质量		中重度伤残工伤职工	
2200022	个案管理服务	例		包括提供从受伤开始至重返社会在内的全程个案管理干预服务，并对服务内容进行规范记录。主要包括个人资料、康复服务项目、干预措施与过程、服务转介、疗效转归、工伤处理以及重返工作适应情况等。为建立符合成本效益的工伤康复服务架构流程提供有效参考数据		工伤职工	

附件 2

工伤康复服务规范（试行）（2013 年修订）

说　明

工伤康复是在工伤保险制度框架下，利用现代康复的理论和技术，为工伤人员提供康复服务，最大限度地改善和提高其生理功能和职业劳动能力，促进其回归社会和重返工作岗位。

本规范针对颅脑损伤、持续性植物状态、脊柱脊髓损伤、周围神经损伤、骨折、截肢、手外伤、关节及软组织损伤和烧伤等九个常见工伤病种的住院康复服务内容，从康复住院标准、康复住院时限、医疗康复、职业社会康复和出院标准等五个方面进行了规范。上述各工伤病种的临床检查、治疗、基础护理以及各种并发症的诊治按照卫生行政部门制定的相关诊疗常规或临床路径执行。

一、康复住院标准

康复住院标准对工伤职工由临床治疗转入康复治疗的指征进行了规范。工伤职工住院康复的一般标准是：经临床急性期治疗后，生命体征基本平稳，病情相对稳定，但仍有持续性功能障碍（如运动、感觉、言语、认知、精神、吞咽、排尿排便和性功能等障碍）而影响生活自理、劳动能力下降，仍不能回归家庭和社会，且具有恢复潜力和康复价值者，均应及早转入康复协议机构住院康复治疗。对于后遗症期病情变化出现新的功能障碍等问题并且有康复价值的，参照上述标准入院康复治疗。

二、康复住院时限

根据受伤部位与损伤类型、功能障碍程度和康复潜力大小，对康复住院时间予以合理限制，住院康复时间不超过 12 个月。职业康复住院时限一般为 60 天，最长不超过 180 天，职业康复住院时限可分段累计计算。

如住院期间病情发生变化影响康复进程，或已到出院时限，但仍有较大康复治疗价值，需继续康复治疗或安装辅助器具者，必须由康复协议机构出具诊断意见和延期康复建议书，经社会保险经办机构核准后方可适当延长住院时间。

三、医疗康复规范

医疗康复规范包括功能评定、康复治疗和康复护理等三部分。

功能评定部分根据不同工伤病种功能障碍特点，结合国际功能、残疾和健康分类方式和康复治疗专业分工，对运动、感觉、吞咽、排尿排便和性功能等躯体功能障碍的评定以及心理、认知和言语等功能的评估进行了规范。

康复治疗部分包括物理治疗（含运动疗法、理疗和水疗等）、作业治疗（含日常生活活动训练和认知训练等）、言语治疗、行为心理治疗、中医康复治疗以及康复辅助器具应用等康复治疗和康复辅助技术的应用常规。

康复护理部分包括康复护理评估、康复护理技术常规及心理护理、家庭护理及社区康复护理指导。

四、职业社会康复规范

职业社会康复规范是根据近几年我国部分地区职业社会康复的探索经验，并借鉴中国香港和台湾地区以及美国、德国、澳大利亚等职业康复相关的技术、管理标准制定。

工伤职工进行职业康复的一般标准是：工伤职工有就业意愿，没有严重认知功能障碍和相关禁忌症，身体功能大部分恢复，但是仍然受限影响重返工作岗位的；或者由于工伤后各种因素造成身体功能、工作行为、职业技能或就业信心等方面的改变影响重返工作岗位的；或者工伤后不能返回原单位、原岗位，需工作能力重建或工作职务再设计的，均应及早安排职业康复治疗。达到退休年龄的工伤职工不进行职业康复介入。

五、出院标准

工伤职工经康复治疗后已达到预期康复目标，各项功能已恢复到一定水平并基本稳定，生活自理能力提高，无明显的并发症或并发症已控制，安装假肢、矫形器者已能够独立完成穿戴和使用。严重功能障碍的工伤职工，须病情稳定，基本达到预期康复目标或已无进一步康复治疗价值。

人力资源社会保障部关于执行《工伤保险条例》若干问题的意见

（2013 年 4 月 25 日　人社部发［2013］34 号）

各省、自治区、直辖市及新疆生产建设兵团人力资源社会保障厅（局）：

《国务院关于修改〈工伤保险条例〉的决定》（国务院令第 586 号）已经于 2011 年 1 月 1 日实施。为贯彻执行新修订的《工伤保险条例》，妥善解决实际工作中的问题，更好地保障职工和用人单位的合法权益，现提出如下意见。

一、《工伤保险条例》（以下简称《条例》）第十四条第（五）项规定的“因工外出期间”的认定，应当考虑职工外出是否属于用人单位指派的因工作外出，遭受的事故伤害是否因工作原因所致。

二、《条例》第十四条第（六）项规定的“非本人主要责任”的认定，应当以有关机关出具的法律文书或者人民法院的生效裁决为依据。

三、《条例》第十六条第（一）项“故意犯罪”的认定，应当以司法机关的生效法律文书或者结论性意见为依据。

四、《条例》第十六条第（二）项“醉酒或者吸毒”的认定，应当以有关机关出具的法律文书或者人民法院的生效裁决为依据。无法获得上述证据的，可以结合相关证据认定。

五、社会保险行政部门受理工伤认定申请后，发现劳动关系存在争议且无法确认的，应告知当事人可以向劳动人事争议仲裁委员会申请仲裁。在此期间，作出工伤认定决定的时限中止，并书面通知申请工伤认定的当事人。劳动关系依法确认后，当事人应将有关法律文书送交受理工伤认定申请的社会保险行政部门，该部门自收到生效法律文书之日起恢复工伤认定程序。

六、符合《条例》第十五条第（一）项情形的，职工所在用人单位原则上应自职工死亡之日起 5 个工作日内向用人单位所在统筹地区社会保险行政部门报告。

七、具备用工主体资格的承包单位违反法律、法规规定，将承包业务转包、分包给不具备用工主体资格的组织或者自然人，该组织或者自然人招用的劳动者从事承包业务时因工伤亡的，由该具备用工主体资格的承包单位承担用人单位依法应承担的工伤保险责任。

八、曾经从事接触职业病危害作业、当时没有发现罹患职业病、离开工作岗位后被诊断或鉴定为职业病的符合下列条件的人员，可以自诊断、鉴定为职业病之日起一年内申请工伤认定，社会保险行政部门应当受理：

（一）办理退休手续后，未再从事接触职业病危害作业的退休人员；

（二）劳动或聘用合同期满后或者本人提出而解除劳动或聘用合同后，未再从事接触职业病危害作业的人员。

经工伤认定和劳动能力鉴定，前款第（一）项人员符合领取一次性伤残补助金条件的，按就高原则以本人退休前 12 个月平均月缴费工资或者确诊职业病前 12 个月的月平均养老金为基数计发。前款第（二）项人员被鉴定为一级至十级伤残、按《条例》规定应以本人工资作为基数享受相关待遇的，按本人终止或者解除劳动、聘用合同前 12 个月平均月缴费工资计发。

九、按照本意见第八条规定被认定为工伤的职业病人员，职业病诊断证明书（或职业病诊断鉴定书）中明确的用人单位，在该职工从业期间依法为其缴纳工伤保险费的，按《条例》的规定，分别由工伤保险基金和用人单位支付工伤保险待遇；未依法为该职工缴纳工伤保险费的，由用人单位按照《条例》规定的相关项目和标准支付待遇。

十、职工在同一用人单位连续工作期间多次发生工伤的，符合《条例》第三十六条、第三十七条规定领取相关待遇时，按照其在同一用人单位发生工伤的最高伤残级别，计发一次性伤残就业补助金和一次性工伤医疗补助金。

十一、依据《条例》第四十二条的规定停止支付工伤保险待遇的，在停止支付待遇的情形消失后，自下月起恢复工伤保险待遇，停止支付的工伤保险待遇不予补发。

十二、《条例》第六十二条第三款规定的“新发生的费用”，是指用人单位职工参加工伤保险前发生工伤的，在参加工伤保险后新发生的费用。

十三、由工伤保险基金支付的各项待遇应按《条例》相关规定支付，不得采取将长期待遇改为一次性支付的办法。

十四、核定工伤职工工伤保险待遇时，若上一年度相关数据尚未公布，可暂按前一年度的全国城镇居民人均可支配收入、统筹地区职工月平均工资核定和计发，待相关数据公布后再重新核定，社会保险经办机构或者用人单位予以补发差额部分。

本意见自发文之日起执行，此前有关规定与本意见不一致的，按本意见执行。执行中有重大问题，请及时报告我部。